essentials

essentials liefern aktuelles Wissen in konzentrierter Form. Die Essenz dessen, worauf es als „State-of-the-Art" in der gegenwärtigen Fachdiskussion oder in der Praxis ankommt. *essentials* informieren schnell, unkompliziert und verständlich

- als Einführung in ein aktuelles Thema aus Ihrem Fachgebiet
- als Einstieg in ein für Sie noch unbekanntes Themenfeld
- als Einblick, um zum Thema mitreden zu können

Die Bücher in elektronischer und gedruckter Form bringen das Expertenwissen von Springer-Fachautoren kompakt zur Darstellung. Sie sind besonders für die Nutzung als eBook auf Tablet-PCs, eBook-Readern und Smartphones geeignet. *essentials:* Wissensbausteine aus den Wirtschafts-, Sozial- und Geisteswissenschaften, aus Technik und Naturwissenschaften sowie aus Medizin, Psychologie und Gesundheitsberufen. Von renommierten Autoren aller Springer-Verlagsmarken.

Weitere Bände in der Reihe http://www.springer.com/series/13088

Uwe Gresser

Hochfrequenzhandel

Kompakt, verständlich, aktuell

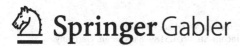

Springer Gabler

Uwe Gresser
GID
Dubai, Vereinigte Arabische Emirate

ISSN 2197-6708 ISSN 2197-6716 (electronic)
essentials
ISBN 978-3-658-19910-4 ISBN 978-3-658-19911-1 (eBook)
https://doi.org/10.1007/978-3-658-19911-1

Die Deutsche Nationalbibliothek verzeichnet diese Publikation in der Deutschen Nationalbibliografie; detaillierte bibliografische Daten sind im Internet über http://dnb.d-nb.de abrufbar.

Springer Gabler
© Springer Fachmedien Wiesbaden GmbH 2018

Gedruckt auf säurefreiem und chlorfrei gebleichtem Papier

Springer Gabler ist Teil von Springer Nature
Die eingetragene Gesellschaft ist Springer Fachmedien Wiesbaden GmbH
Die Anschrift der Gesellschaft ist: Abraham-Lincoln-Str. 46, 65189 Wiesbaden, Germany

Was Sie aus dem *essential* mitnehmen können

Der Hochfrequenzhandel dominiert die internationalen Finanzplätze und beeinflusst die Kurse in allen Assetklassen.

Der Börsenhandel und dessen Regeln sind neu zu definieren. Das Börsenparkett gibt es nicht mehr, die Börsen von heute sind hochtechnologiesierte Rechenzentren, in denen im Milliardstelsekundentakt automatisierte Systeme der Hochfrequenzhändler vollkommen autonom kaufen und verkaufen.

Der Hochfrequenzhandel wird von vielen Kritikern zu Recht als eine Form des digitalen Kapitalismusbezeichnet, der es einer exklusiven Finanzelite ermöglicht mithilfe modernster Technologien hohe Gewinne auf Kosten der klassischen Anleger zu erzielen.

Es sind nur wenige Insider über die aktuellen Praktiken des heutigen Hochfrequenzhandels im Details informiert. Die wahre Dimension wird oft nicht erkannt und mystifiziert.

Der Mythos Hochfrequenzhandel wird in dem *essential* entzaubert und auf seine wahren Fakten reduziert. Es werden die realen Praktiken, die aktuellsten Technologien und nicht öffentlich zugängliches Insiderwissen über die Strategien des Hochfrequenzhandels aus dem Blickwinkel der Praxis umfassend und verständlich offengelegt.

- Praxisrelevantes Wissen über die exakte Funktionsweise und die strategischen Komponenten des heutigen Hochfrequenzhandels.
- Detaillierte Einblicke in die Strukturen und Konzepte des heutigen Hochfrequenzhandels.
- Reales Insiderwissen aus der Praxis des heutigen Hochfrequenzhandels in den USA, Deutschland und der Schweiz.
- Gesamtheitliches Verständnis des heutigen Hochfrequenzhandels als Teil des ökonomischen Systems.

Vorwort

Der Hochfrequenzhandel gilt als eine der profitabelsten Handelsformen und dominiert heute den weltweiten Börsenhandel. An den Leitbörsen NASDAQ und NYSE liegt der Anteil des Hochfrequenzhandels zu bestimmten Handelszeiten bereits bei mehr als 90 Prozent. An der Deutschen Börse und an der SIX Swiss Exchange liegt der Anteil des Hochfrequenzhandels aktuell bei mehr als 50 Prozent.

Klassische Börsenregeln haben ihre Gültigkeit verloren. Flashcrashs mit dramatischen Kurseinbrüchen innerhalb von Sekunden sind inzwischen Alltag an den Börsen. News werden innerhalb weniger Millisekunden bereits vor Veröffentlichung von den Systemen der Hochfrequenzhändler autonom gehandelt. Der Hochfrequenzhandel ist eine neue Dimension des Börsenhandels, die von vielen Anlegern in diesem Ausmaß oft nicht wahrgenommen und unterschätzt wird.

Das *essential* präsentiert alle relevanten Fakten zum Thema Hochfrequenzhandel aus dem Blickwinkel der Praxis. Es werden die realen Strategien und Praktiken aus dem Alltag des Hochfrequenzhandels in den USA, Deutschland und der Schweiz anschaulich und verständlich offengelegt.

Private und institutionelle Anleger erfahren alles, worauf es aktuell beim Thema Hochfrequenzhandel sowohl in der gegenwärtigen Fachdiskussion als auch in der täglichen Handelspraxis ankommt. Gefragt sind klare Entscheidungsalternativen und adäquate Verhaltensregeln. Das *essential* Hochfrequenzhandel gibt hierzu die notwendigen Antworten.

Das *essential* Hochfrequenzhandel basiert auf der Handbuch-Trilogie von Uwe Gresser, erschienen bei Springer Gabler.

Hochfrequenzhandel Band 1 – BASIC: Analysen, Strategien, Perspektiven

Hochfrequenzhandel Band 2 – ADVANCED: Produkte, Systeme, Regulierung

Hochfrequenzhandel Band 3 – EXPERT: Technologien, Algorithmen, Implementierung.

Inhaltsverzeichnis

Abbildungsverzeichnis

Was ist Hochfrequenzhandel? 1

1.1 Hochfrequenzhandel aktuell

Zweiklassengesellschaft des digitalen Kapitalismus

Der Hochfrequenzhandel ist Teil einer Zweiklassengesellschaft eines digitalen Kapitalismus an den Börsen. Die einen zahlen Millionen für einen Zeitvorsprung von Bruchteilen von Sekunden und die anderen wissen nicht einmal, dass Geschwindigkeit einen Wert hat.

Die zentrale Frage ist: Warum sind Hochfrequenzhändler beispielsweise in den USA bereit, jährlich Millionen von US-Dollar nur dafür zu zahlen, dass sie die Kurse der NASDAQ, NYSE und BATS innerhalb von Bruchteilen von Sekunden erhalten, obwohl die gleichen Data Feeds wenige Sekunden später kostenlos verfügbar wären?

Die folgende reale Situation aus der Praxis des heutigen Hochfrequenzhandels in den USA veranschaulicht die Dimension des Faktors Geschwindigkeit und damit auch die extrem hohen Profitabilitätspotenziale der Systeme.

Um einen funktionsfähigen Hochfrequenzhandel in den USA betreiben zu können, müssen Hochfrequenzhändler ihre Server und Systeme in den Co-Locations[1], also in den Rechenzentren zumindest der drei Börsen NYSE, NASDAQ und BATS platzieren. Aufgrund der in den

---

[1]Unter Co-Location versteht man das Platzieren der Server in physischer Nähe zu den Matching Engines der Börsen.

© Springer Fachmedien Wiesbaden GmbH 2018

U. Gresser, *Hochfrequenzhandel,* essentials,

https://doi.org/10.1007/978-3-658-19911-1_1

USA geltenden NBBO-Regelung[2] ist der Hochfrequenzhandel an nur einer einzelnen Börse nicht praktikabel.

In den Co-Locations der NYSE, NASDAQ und BATS erhalten die Hochfrequenzhändler einen sogenannten Direct Data Feed, der unmittelbar von den Börsenrechnern, den sogenannten Matching Engines, mit minimaler Latenz[3] unter Verwendung modernster Datenübertragungsmedien wie Laser oder Mikrowellen exklusiv an die Hochfrequenzhändler übermittelt wird.

Die Co-Locations in den USA sind hochgesicherte Rechenzentren, die in der Regel von den Börsen selbst betrieben werden und in denen die Hochfrequenzhändler ihrer Server nur wenige Meter entfernt von den Matching Engines der NASDAQ, NYSE bzw. BATS platzieren können.

Die Co-Location der NYSE befindet sich in Mahwah, die Co-Location der BATS in Secaucus und die Co-Location der NASDAQ in Carteret. Die Hochfrequenzhändler in diesen Co-Locations beziehen von allen Börsen einen Direct Data Feed. Das heißt die Systeme in der Co-Location der NYSE in Mahawah erhalten Data Feeds von den wenigen Meter entfernten Matching Engines der NYSE, erhalten Data Feeds von der 55 km entfernten NASDAQ in Carteret und erhalten Data Feeds von der 34 km entfernten Börse BATS in Secaucus. Entsprechend werden auch die Co-Locations der BATS und NASAQ mit Data Feeds der anderen Börsen beliefert. Es besteht somit ein exklusives internes Data Network, zu dem nur Hochfrequenzhändler Zugang haben.

Die folgenden Übersichten (siehe Abb. 1.1, 1.2, 1.3, 1.4 und 1.5) präsentieren zusammenfassend die jährlichen Minimumkosten dieses Data Network. Es werden nur die Kosten für die Data Feeds ohne sonstige Kosten wie beispielsweise Betriebs- oder Personalkosten angegeben.

Insbesondere werden in den Tabellen (siehe Abb. 1.2, 1.3, 1.4 und 1.5) die jeweiligen aktuellen Latenzzeiten angeben.[4]

---

[2]Die NBBO-Regelung in den USA verpflichtet die Handelsplätze zur Einhaltung des National Best Bid and Offer (NBBO), also des jeweils aktuell besten handelsplatzübergreifenden Bid und Offer.

[3]Unter Latenz versteht man das Zeitintervall der Verzögerung bei der Datenübermittlung.

[4]Stand Juli 2017, Kosten im Detail siehe BATS, 2017a, Market Data Products; BATS, 2017b, System Performance U.S. Equities; NASDAQ, 2017a, Price List U.S. Equities; NASDAQ, 2017b, Production Connectivity; NASDAQ, 2017c, Wireless Connectivity; NYSE, 2017a, Market Data Pricing; NYSE, 2017b, Technology and Connectivity.

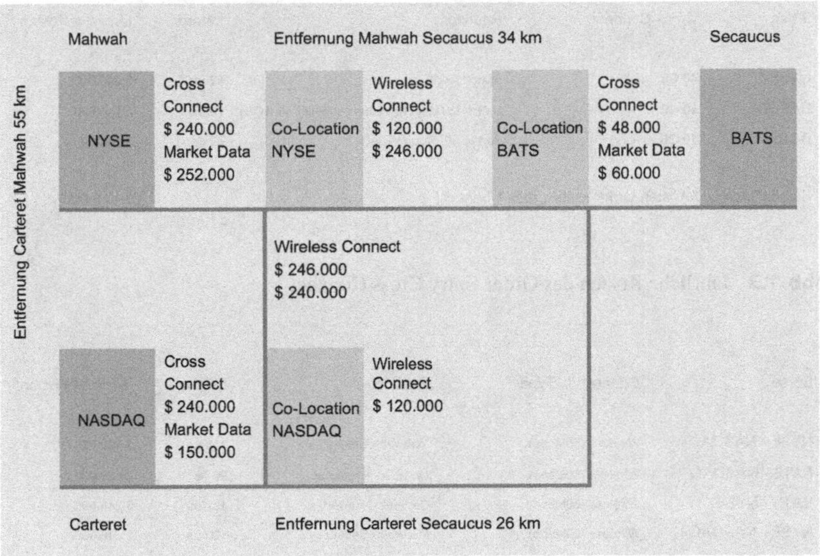

Abb. 1.1 Jährliche Kosten des Data Network des Hochfrequenzhandels in den USA

Börse	Typ des Data Feed	Latenz	jährliche Kosten
NYSE	Direct (Routing Non-Display)	N/A	$ 252.000
NASDAQ	Direct (Routing Non-Display)	N/A	$ 150.000
BATS	Direct (Routing Non-Display)	N/A	$ 60.000
Summe jährliche Kosten Market Data Feed			$ 462.000

Abb. 1.2 Jährliche Kosten des Market Data Feed

Wieviel muss ein Hochfrequenzhändler in den USA nur für den exklusiven Direct Data Feed der NASDAQ, NYSE und BATS pro Jahr zahlen (reiner Data Feed, ohne sonstige Kosten wie Betriebskosten, Personalkosten, Systemkosten)?

Börse	Cross Connect	Routing	Latenz	jährliche Kosten
NYSE	40 GB	Switch to ME	62 µs	$ 240.000
NASDAQ	40 GB	Switch to ME (11µs-23µs schneller als 1GB)	72 µs	$ 240.000
BATS	10 GB (Binary)	Port to ME Round Trip	82 µs	$ 48.000
Summe jährliche Kosten Order Entry Cross Connect				$ 528.000

Abb. 1.3   Jährliche Kosten des Order Entry Cross Connect

Börse	Connection Type	Routing	Latenz	jährliche Kosten
NYSE - NASDAQ	Wireless (50Mbps)	Mahwah - Secaucus	118 µs	$ 120.000
BATS - NASDAQ	Wireless (50Mbps)	Carteret - Secaucus	90 µs	$ 120.000
BATS - NYSE	Wireless (50Mbps)	Carteret - Mahwah	192 µs	$ 240.000
NYSE - NASDAQ	Wireless (20Mbps)	Mahwah - Secaucus	120 µs	$ 246.000
NYSE - BATS	Wireless (20Mbps)	Mahwah - Carteret	191 µs	$ 246.000
Summe jährliche Kosten Market Data Connectivity				$ 972.000

Abb. 1.4   Jährliche Kosten der Market Data Connectivity

Börse	Connection Type		Latenz	jährliche Kosten
NYSE	Binary	Port to ME Round Trip	163 µs	$ 6.000
NASDAQ	Dedicated Ouch	Port to ME Round Trip	2000 msg/s	$ 66.000
BATS	Binary	Port to ME Round Trip	82 µs	$ 6.000
Summe jährliche Kosten Order Entry Port				$ 78.000

Abb. 1.5   Jährliche Kosten des Order Entry Port

Zusammenfassend betragen die Kosten pro Jahr für den Market Data Feed 462.000 US-Dollar (siehe Abb. 1.2), für Order Entry Cross Connect

528.000 US-Dollar (siehe Abb. 1.3) und für Market Data Connectivity 972.000 US-Dollar (siehe Abb. 1.4) und für Order Entry Port 78.000 US-Dollar (siehe Abb. 1.5).

In der Summe sind somit 2.040.000 US-Dollar pro Jahr nur für den schnellen und exklusiven Data Feed mit einem Zeitvorsprung von wenigen Mikrosekunden zu zahlen.

Wann wäre genau dieser Data Feed kostenlos?

Die NASDAQ, NYSE und BATS liefern die gleichen Data Feeds an einen zentralen Server, den sogenannten Security Information Processor (SIP). Von diesem Server können die gleichen Data Feeds wenige Sekunden später kostenlos bezogen werden.

Hochfrequenzhändler zahlen somit Millionen von US-Dollar für einen minimalen Zeitvorsprung von wenigen Mikrosekunden und viele Anleger wissen nicht einmal, dass Geschwindigkeit einen Wert hat.

▶   Der Hochfrequenzhandel ist eine Technologie und keine Strategie.

Ein großes Missverständnis in der Wahrnehmung des heutigen Hochfrequenzhandels besteht darin, dass er oft fälschlicherweise als eigenständige Handelsstrategie verstanden wird. Der Hochfrequenzhandel ist primär als Technologie zu verstehen, die sich auf die geschwindigkeits- und latenzoptimierte Datenübermittlung von Marktdaten der Börsen an die Systeme der Hochfrequenzhändler fokussiert.

Der Hochfrequenzhandel als Technologie ist somit in seiner Entwicklungsdynamik nicht mehr aufzuhalten und gilt aufgrund seiner technologischen Überlegenheit als eine der profitabelsten Handelsformen an den Börsen.

▶   Der Hochfrequenzhandel fokussiert sich auf den Lebenszyklus eines Trades.

Das Grundprinzip des Hochfrequenzhandels besteht darin, dass man nicht nur den isolierten Trade und dessen Einstiegssignal berücksichtigt, sondern den gesamten Lebenszyklus eines Trades berücksichtigt, ausgehend von den vorliegenden Marktstrukturen bis hin zu den verwendeten Datentechnologien der Order- und Ausführungsprozesse.

Moderne Datentechnologien sind heute die wesentlichen Komponenten des Hochfrequenzhandels und die Profitabilität der Systeme ist korreliert mit dem jeweiligen Entwicklungsstand der verwendeten Technologien.

▶   Der Hochfrequenzhandel ist ein Rennen zur Null.

Der Hochfrequenzhandel ist als ein Rennen zur Null, bezogen auf die Latenzzeiten bei der Übermittlung der Marktdaten, zu verstehen. Die optimale Situation wäre Null Zeiteinheiten Verzögerung beim Datentransfer von den Börsenrechnern zu den Servern der Hochfrequenzhändler.

Allein in den vergangenen drei Jahren haben sich die Latenzzeiten der Börsen von Millisekunden teilweise auf Nanosekunden verringert. In dieser Entwicklungsdynamik ist vor allem die Rolle der Börsen erkennbar, die inzwischen Hochfrequenzhändler als ihre lukrativsten Partner sehen und sich darauf fokussieren ihnen die bestmöglichen technologischen Infrastrukturen gegen hohe Gebühren bereitzustellen.

Anova AOptix ULL3000 Laser
AOptix ULL3000 Laser, ursprünglich verwendet bei der Datenübertragung von Strahlenflugzeugen beim US-amerikanischen Militär, wird vom Unternehmen Anova speziell Hochfrequenzhändlern angeboten, die mithilfe dieser Lasertechnologie Data Feeds zwischen den Börsen BATS und NASDAQ übertragen. Anova hat bereits ein ähnliches Lasernetzwerk an den Börsen in London und in Frankfurt installiert.[5]

Entscheidend bei der Optimierung der Latenzzeiten ist neben dem Übertragungsmedium wie Glasfaser, Mikrowellen oder Laser vor allem die physische Nähe der Server der Hochfrequenzhändler zu den Matching Engines der Börsen. Der Hochfrequenzhandel findet daher grundsätzlich in Co-Locations oder mit Co-Location-Access statt.

▶   Die Börsen bieten dem Hochfrequenzhandel optimale Rahmenbedingungen.

Die Server der Hochfrequenzhändler werden in speziellen Rechenzentren, die sich in unmittelbarer physischer Nähe zu den Matching Engines der Börsen befinden und in der Regel von den Börsen selbst betrieben werden, platziert.

---

[5]Anova Technologies, 2017, High Availability Wireless Market Data.

Co-Location der Deutschen Börse in Frankfurt
Die Deutsche Börse bietet Hochfrequenzhändlern in Frankfurt spezielle Co-Location-Varianten, die es ermöglichen die Server und Systeme im gleichen Rechenzentrum wie die Eurex Matching Engines zu platzieren. Die Systeme der Hochfrequenzhändler sind dadurch nur wenige Meter von den Matching Engines der Eurex entfernt und haben somit einen exklusiven Zugang zu allen Markdaten der Deutschen Börse.[6]

▶ Die Komplexität und Intransparenz der Börsen erhöht die Profitabilität des Hochfrequenzhandels.

Die Hochfrequenzhändler sind aktuell die wichtigsten Kunden der Börsen, da kein anderer Marktteilnehmer in der Lage ist in einer derart hohen Handelsfrequenz Börsenumsätze zu generieren.

Aufgrund des hohen Grades der Technologisierung und Automatisierung ist der Hochfrequenzhandel prädestiniert für die aktuelle Komplexität und Intransparenz der Börsensysteme. Die komplexen und intransparenten Strukturen der Börsen ermöglichen letztendlich ständig neue hochprofitable Formen und Praktiken des Hochfrequenzhandels.

Komplexität des Börsensystems in den USA
1996 gab es in den USA nur die zwei relevante Börsen NASDAQ und NYSE und einen einzigen Dark Pool. Im Jahr 2017 sind in den USA mehr als 50 Dark Pools und 13 Börsen für den Börsenhandel relevant.

▶ Siehe Gresser, Uwe (2016), Praxishandbuch Hochfrequenzhandel Band 1, Springer Gabler, Kap. 3: Strukturen und Tendenzen des Hochfrequenzhandels.

Zusammenfassung
- Der Hochfrequenzhandel ist eine Technologie und keine Strategie.
- Der Hochfrequenzhandel fokussiert sich auf den Lebenszyklus eines Trades.
- Der Hochfrequenzhandel ist ein Rennen zur Null.
- Die Börsen bieten dem Hochfrequenzhandel optimale Rahmenbedingungen.
- Die Komplexität und Intransparenz der Börsen erhöht die Profitabilität des Hochfrequenzhandels.

---

[6]Eurex, 2017a, Co-Location Services.

1.2   Entstehung des Hochfrequenzhandels

Virtu Financial
In der Geschichte des Hochfrequenzhandels waren es nicht die Banken, sondern unabhängige Unternehmen, insbesondere Virtu Financial, die für die wesentlichen Innovationen im Hochfrequenzhandel der vergangenen Jahre verantwortlich waren.

Virtu Financial hatte im Rahmen seines Börsenganges die Gewinnzahlen aus seinem Hochfrequenzhandel offengelegt. Der Hochfrequenzhändler Virtu Financial hat bei der US-amerikanischen Börsenaufsicht U.S. Securities and Exchange Commission (SEC) einen Antrag auf Börseneinführung gestellt. Aus den Unterlagen ging hervor, dass Virtu Financial innerhalb der vergangenen fünf Jahren an jedem Tag profitabel war, mit Ausnahmen von genau einem einzigen Tag. Das heißt Virtu Financial realisierte an 1.277 von 1.278 Handelstagen Gewinne und nur an einem einzigen Tag einen Verlust.[7]

▶   Der Hochfrequenzhandel hat seinen Ursprung in den USA.

Historisch gesehen hat der Hochfrequenzhandel seinen Ursprung in den USA, wo es mithilfe von internen Data Networks den Hochfrequenzhändler erstmals gelang den Datenfluss der Börsen und der Alternative Trading Systems (ATS), bestehend aus Electronic Communication Network (ECN) und Dark Pools untereinander derart strategische zu verknüpfen, dass es möglich war ein synthetisches Netzwerk des Datenflusses zu schaffen, welches wesentlich schneller in der Datenübermittlung war als das offizielle Data Network der Börsen.

Im Folgenden werden die entscheidenden Entwicklungsschritte hin zum heutigen Hochfrequenzhandel in einem Rückblick zusammengefasst.

▶   Die NASDAQ war die erste elektronische Börse.

Im Jahr 1971 wurde die Technologiebörse NASDAQ als erste elektronische Börse als National Association of Securities Dealers Electronic Quotation System

---

[7]U.S. Securities and Exchange Commission (SEC), 2015, Registration Statement Virtu Financial.

gegründet. Die NASDAQ führte zum damaligen Zeitpunkt als erste Börse ein Electronic Quotation System für Market Maker ein.

▶   Die NYSE ermöglichte erstmals ein elektronisches Order Routing.

Im Jahr 1976 führte die NYSE das System Designated Order Turnaround (DOT) ein, welches erstmalig eine elektronische Orderübermittlung ermöglichte.

▶   Der Hochfrequenzhandel fand erstmals an Electronic Communication Networks (ECN) statt.

Im Jahr 1990 wurden die ersten außerbörslichen Handelsplattformen mit der Bezeichnung Electronic Communication Networks (ECN) in den USA etabliert. Der Hochfrequenzhandel fand erstmals an derartigen Electronic Communication Networks (ECN) statt.

Im Jahr 1997 wurde in den USA die Order Handling Rule eingeführt, die in erster Linie die Aktivitäten der Market Maker an der NASDAQ regulieren sollte. Die Order Handling Rule beinhaltet insbesondere die Publikationspflicht von Quotierungen der Market Maker. Dies war historisch gesehen der Beginn eines Consolidated Data Feed wie er heute vom zentralen Prozessor Security Information Processor (SIP) im Hochfrequenzhandel generiert und publiziert wird.

▶   Die Regulation Alternative Trading Systems (Reg ATS) ist die strategische Basis des heutigen Hochfrequenzhandels in den USA.

Im Jahr 1998 erfolgte die Einführung der Regulation Alternative Trading Systems (Reg ATS). Die Regulation Alternative Trading Systems (Reg ATS) ist als die strategische Basis des heutigen Hochfrequenzhandels in den USA zu sehen, da die darin enthaltenen Vorschriften die spezifischen Strategien des heutigen Hochfrequenzhandels erst ermöglichten.

▶   Die Decimalization veränderte das Strategiepotenzial im Hochfrequenzhandel.

Im Jahr 2001 erfolgte die Einführung der Decimalization. Der minimale Spread betrug bis zu diesem Zeitpunkt 1/8 Dollar und wurde nun auf einen Cent reduziert. Dadurch waren völlig neuartige Techniken des Hochfrequenzhandels, insbesondere bei Arbitragestrategien realisierbar und erwiesen sich innerhalb kürzester Zeit als äußerst profitabel.

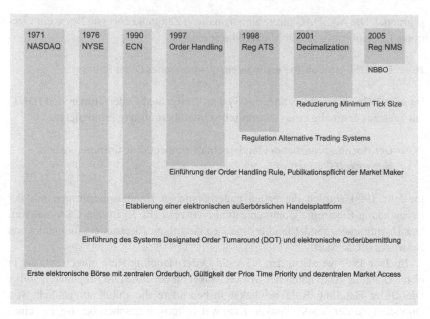

Abb. 1.6 Historische Entwicklung des Hochfrequenzhandels

Insbesondere führte die Decimalization innerhalb der Quotierungssysteme zu einer entsprechenden Ausweitung der strategischen Anwendungsbereiche im Hochfrequenzhandel.

▶   Der Hochfrequenzhandel in den USA basiert auf der Trade Through Rule der Regulation National Market System (Reg NMS).

2005 erfolgte die Etablierung der sogenannten Trade Through Rule[8] der Regulation National Market System (Reg NMS). Die darin definierten regulatorischen Vorschriften der US-amerikanischen Börsenaufsicht gelten heute als der strategische Ausgangspunkt des Hochfrequenzhandels in den USA.

Die Folge war die Implementierung eines Data Network mit einem zentralen Prozessor, dem sogenannten Security Information Processor (SIP), zur Kontrolle und Überwachung der Regulierungsvorschriften. Der Security Information

---

[8]Die Trade Through Rule der Regulation National Market System (Reg NMS) schreibt verbindlich vor, daß jede Order zum National Best Bid and Offer (NBBO) gematcht werden muss.

Processor (SIP), ist heute die Schnittstelle des gesamten Datenflusses im Hochfrequenzhandel in den USA.

Der Hochfrequenzhandel ist somit zusammenfassend entstanden aus der zunehmenden Technologisierung und vor allem der Fragmentierung der Handelsplätze in Verbindung mit gezielten regulatorischen Eingriffen. (siehe Abb. 1.6)

▶ Siehe Gresser, Uwe (2017b), Praxishandbuch Hochfrequenzhandel Band 2, Springer Gabler, Kap. 1: Konzeption und Entwicklung des Hochfrequenzhandels.

Zusammenfassung

- Der Hochfrequenzhandel hat seinen Ursprung in den USA.
- Die NASDAQ war die erste elektronische Börse.
- Die NYSE ermöglichte erstmals ein elektronisches Order Routing.
- Der Hochfrequenzhandel fand erstmals an Electronic Communication Networks (ECN) statt.
- Die Regulation Alternative Trading Systems (Reg ATS) ist die strategische Basis des heutigen Hochfrequenzhandels in den USA.
- Die Decimalization veränderte das Strategiepotenzial im Hochfrequenzhandel.
- Der Hochfrequenzhandel in den USA basiert auf der Trade Through Rule der Regulation National Market System (Reg NMS).

1.3 Hochfrequenzhandel als Teil des ökonomischen Systems

Order to Trade Ratio (OTR) und Phantom Liquidity

Im Hochfrequenzhandel werden strategische Marktmanipulationen durch gezielte fiktive Gebote in Orderbüchern vorgenommen. Die Order to Trade Ratio (OTR), berechnet aus Quotient der Anzahl der platzierten Gebote zu den ausgeführten Geboten liegt im Hochfrequenzhandel im Durchschnitt bei 15 bis 20, das heißt, nur jede 15. bis 20. Order führt zu einem realen Trade.

Die meisten Manipulationsstrategien basieren auf dem Prinzip, eine große Anzahl von Orders zu platzieren und diese simultan zu canceln, um den Markt zu testen oder sogar zu reizen. Aufgrund der extrem hohen Handelsfrequenz können die Algorithmen die Gebote innerhalb weniger Mikrosekunden löschen, ohne dass diese ausgeführt werden und somit eindeutig identifizierbar sind.

Da die Gebote aber trotzdem in den Orderbüchern erscheinen, entsteht die Illusion, dass viele Anleger am Kauf bzw. Verkauf der Aktie interessiert seien. Derartige manipulative Verhaltensweise suggerieren eine nicht vorhandene Liquidität, man spricht in diesen Zusammenhang von Phantom Liquidity. Der Hochfrequenzhandel generiert insbesondere hohe Phantom Liquidity bei einem handelsplatzübergreifenden passiven Trading. Es ergibt sich beim zeitgleichen Handel an mindestens zwei Handelsplätzen vor allem in Verbindung mit Arbitragestrategien und Latenzstrategien die Situation von passiven Geboten, die in mindestens zwei Orderbüchern Scheinliquidität suggerieren.

▶   **Der Hochfrequenzhandel erfordert ein neues Marktverständnis.**

Der Hochfrequenzhandel hat die Gesetzmäßigkeiten des Börsenhandels grundlegend verändert.

Klassische Konzepte wie beispielsweise die der technischen oder fundamentalen Analyse haben ihre Gültigkeit verloren. News und Kursbewegungen werden heute autonome von den Systemen des Hochfrequenzhandels innerhalb von Milliardstel Bruchteilen von Sekunden gehandelt.

Die Dynamiken und Volatilitäten von Kursbewegungen haben sich in den vergangenen Jahren dramatisch erhöht. Was früher als Crash bezeichnet wurde sind heute normale Tagesvolatilitäten.

Newsfeed der FED
Zinsentscheidungen der US-amerikanischen Notenbank FED werden direkt in maschinenlesbarer und codierter Form an die Newsreader-Algorithmen im Hochfrequenzhandel übermittelt und nach wenigen Millisekunden autonom in Form von Index-ETFs gehandelt. Die Systeme sind über direkte Schnittstellen mit den Newsfeeds der FED verbunden.

▶   **Der Hochfrequenzhandel erfordert neue analytische Denkweisen.**

Aktuell sind vor allem Fonds die strategische Zielgruppe der Hochfrequenzhändler und nicht unbedingt die klassischen Privatanleger. Im Hochfrequenzhandel existieren zahlreiche Algorithmen und Systeme, die darauf abzielen, das Orderverhalten von Fonds aufzuspüren.

Guerilla und Sniper im Dark Pool Crossfinder
Im weltweit größten Dark Pool Crossfinder von Credit Suisse werden Praktiken des Hochfrequenzhandels mit der Bezeichnung Guerilla und Sniper gezielt gegen institutionelle Anleger angewendet.

Crossfinder bietet Hochfrequenzhändlern spezielle Tools, beispielsweise Liquidity Detection zur Lokalisierung von großen Orders an, die direkt in die jeweiligen Algorithmen der Hochfrequenzhandelssysteme integriert werden können.

▶ Der Hochfrequenzhandel beinhaltet gezielte Kursmanipulationen.

Zahlreiche Algorithmen im Hochfrequenzhandel basieren auf der manipulativen Funktionalität in Orderbüchern Fake Orders und Phantom Liquidity zu platzieren, um damit künstliche Kursbewegungen zu generieren.

Gezielte Manipulationstechniken sind heute wesentliche Bestandteile der meisten Strategien des Hochfrequenzhandels. Aufgrund der Komplexität der verwendeten Techniken ist eine eindeutige Identifikation und damit wirkungsvolles Verbot in der Praxis kaum möglich.

▶ Der Hochfrequenzhandel erhöht die Informationseffizienz der Kurse.

Trotz der bestehenden negativen Auswirkungen nimmt durch den Hochfrequenzhandel die Informationseffizienz der Kurse und die darin begründete Geschwindigkeit der Informationsverarbeitung an den Kapitalmärkten zu.

Die Kurse reflektieren heute die Marktinformationen schneller und adäquater als in Zeiten ohne vollautomatisierten Hochfrequenzhandel.

▶ Der Hochfrequenzhandel reduziert die Transaktionskosten.

In den vergangenen Jahren war eine deutliche Verringerung der Spreads an den Börsen zu verzeichnen, wofür primär der Hochfrequenzhandel verantwortlich ist. Spreads sind als indirekte Transaktionskosten zu sehen.

Der Hochfrequenzhandel ist heute auch wesentlicher Bestandteil der unternehmerischen Tätigkeit der Börsen selbst. Die Hochfrequenzhändler mit ihren extrem hohen Handelsvolumina sind inzwischen die lukrativsten Kunden der Börsen. Die Börsen können die dadurch entstehenden Kostenvorteile direkt in Form von reduzierten Transaktionsgebühren an die klassischen Anleger weitergeben.

▶ Der Hochfrequenzhandel erhöht die Liquidität an den Börsen.

Da keine andere Handelsform in der Lage ist derartig hohe Handelsvolumina zu generieren, leistet der Hochfrequenzhandel in Zusammenhang mit der Liquidität einen unbestreitbaren positiven Beitrag zur Marktqualität.

Der Hochfrequenzhandel agiert in minimalen Zeiteinheiten und platziert Gebote mit hohen Volumina. Er beeinflusst dadurch aber auch die Kursfluktuation und zumindest die kurzfristige Volatilität. Dies führt neben der Zunahme der Liquidität oft auch zu einer Kettenreaktion anderer Trader, die auf derartige punktuelle und unvorhersehbare Kurschwankungen irritiert oder nicht rational reagieren. Dadurch entstehen in Verbindung mit Kaskadeneffekten unberechenbare Intradayvolatilitäten und unvorhersehbare Sekunden-Crashs.

▶ Der Hochfrequenzhandel erhöht die Volatilität der Kurse.

Jede Zunahme von Volatilität führt zu einer weiteren Form der Irritation und somit zwangsläufig zu Verstärkung der gegebenen volatilen Kurssituation. Volatilitäten multiplizieren sich zu Dominoeffekten und erzeugen weitere irrationale Verhaltensweisen.

Somit ist der Hochfrequenzhandel maßgeblich für die Zunahme der Volatilitäten der Kurse an den weltweiten Börsen zumindest mitverantwortlich.

Grundsätzlich sollte bei einer ganzheitlichen Beurteilung der Liquidität und Volatilität in Zusammenhang mit der Marktqualität eine strategiespezifische Wertung erfolgen. (siehe Abb. 1.7)

▶ Der Hochfrequenzhandel ist die risikoeffizienteste Handelsform.

Eine aus kapitalmarkttheoretischer Sicht bestehende Besonderheit des Hochfrequenzhandels besteht in der Tatsache, dass Hochfrequenzhändler als einzige Marktteilnehmer in der Lage sind aufgrund ihrer technologischen Überlegenheit nahezu risikofreie Rendite an den Kapitalmärkten zu generieren.

Die Technologie ist daher grundsätzlich in Zusammenhang mit dem Grad der Risikoeffizienz zu sehen.

Der Hochfrequenzhandel steht somit im Widerspruch zur klassischen Portfoliotheorie, die besagt, dass das unsystematische Risiko durch Diversifikationsentscheidungen eliminiert werden kann. Im Hochfrequenzhandel spielt die

Strategie	Liquiditätseffekt	Volatilitätseffekt
Market-Making-Strategien	Differenzierung nach passiven und aktiven Market Making	indifferent
Arbitragestrategien	Zunahme Liquidität	Zunahme zumindest der kurzfristigen Volatilität
Latenzstrategien	Zunahme Liquidität	indifferent
Momentumstrategien	Zunahme Liquidität	Zunahme zumindest der kurzfristigen Volatilität

Abb. 1.7 Strategiespezifische Effekte auf die Marktqualität im Hochfrequenzhandel

Diversifikation keine Rolle, Renditen werden durch gezielte Selektion bei gleichzeitiger Minimierung des Risikos durch Verwendung entsprechend optimaler Technologien generiert.

▶ Siehe Gresser, Uwe (2017b), Praxishandbuch Hochfrequenzhandel Band 2, Springer Gabler, Kap. 3: Tendenzen und Perspektiven des Hochfrequenzhandels.

Zusammenfassung

- Der Hochfrequenzhandel erfordert ein neues Marktverständnis.
- Der Hochfrequenzhandel erfordert neue analytische Denkweisen.
- Der Hochfrequenzhandel beinhaltet gezielte Kursmanipulationen.
- Der Hochfrequenzhandel erhöht die Informationseffizienz der Kurse.
- Der Hochfrequenzhandel reduziert die Transaktionskosten.
- Der Hochfrequenzhandel erhöht die Liquidität an den Börsen.
- Der Hochfrequenzhandel erhöht die Volatilität der Kurse.
- Der Hochfrequenzhandel ist die risikoeffizienteste Handelsform.

Was sind die konkreten Strategien des Hochfrequenzhandels?

2.1 Strategiematrix des Hochfrequenzhandels

Geologische Epochen der Zeitrechnung

Zur Veranschaulichung der aktuellen Dimension des Faktors Zeit im Hochfrequenzhandel wird die Latenz von heute bereits üblichen 30 Nanosekunden, also die Zeit der Verzögerung bei der Datenübermittlung von der Börse zu dem Server des Hochfrequenzhändlers, verglichen mit der Zeit der Verzögerung des Datenempfangs eines Traders, der in der Regel nach 3 Sekunden die Kurse auf seinem Bildschirm sieht und eines klassischen Anlegers, der von seiner Online-Bank die Kurse in der Regel nach 3 Minuten erhält.

Der Hochfrequenzhändler mit 30 Nanosekunden (30 Milliardstel Sekunden) ist im Vergleich zu 3 Sekunden Verzögerung bei einem Trader 100 Millionen Mal schneller (= 3 Sekunden / 30 Milliardstel Sekunden = 3 / 0,000 000 03 = 100.000.000).

Der Hochfrequenzhändler mit 30 Nanosekunden (30 Milliardstel Sekunden) ist im Vergleich zu 3 Minuten (180 Sekunden) Verzögerung bei einem klassischen Anleger 6 Milliarden Mal schneller (= 180 Sekunden / 30 Milliardstel Sekunden = 180 / 0,000 000 03 = 6.000.000.000).

Um die Dimension dieses Zeitvorsprungs zu veranschaulichen, kann man sich nun vorstellen, wann jemand die Kurse, die ein Trader nach 3 Sekunden erhält, 100 Millionen Mal später, also 300 Millionen Sekunden später erhalten würde. Diese 300 Millionen Sekunden Verzögerung sind in Minuten ausgedrückt 5 Millionen Minuten (= 300 Millionen Sekunden / 60 Sekunden = 5 Millionen Minuten).

© Springer Fachmedien Wiesbaden GmbH 2018
U. Gresser, *Hochfrequenzhandel,* essentials,
https://doi.org/10.1007/978-3-658-19911-1_2

Marktteilnehmer	Zeitpunkt des Erhalts der Kurse	Verzögerungsrate (im Vgl. zum Hochfrequenzhändler)	Veranschaulichung in der Relation
Hochfrequenzhändler	nach 30 Nanosekunden	1	jetzt
Trader	nach 3 Sekunden	100.000.000	in 10 Jahren
klassische Anleger	nach 3 Minuten	6.000.000.000	in 34.246 Jahren

Abb. 2.1 Veranschaulichung der Zeitdimension im Hochfrequenzhandel

Diese 5 Millionen Minuten sind 83.333 Stunden (= 5 Millionen Minuten / 60 Minuten = 83.333 Stunden). Diese 83.333 Stunden in Tagen ausgedrückt sind 3.472 Tage (= 83.333 Stunden / 24 Stunden = 3.472 Tage). Diese 3.472 Tage in Jahren ausgedrückt sind fast 10 Jahre.

Also ist die Zeitdimension der Benachteiligung zwischen einem Trader und einem Hochfrequenzhändler genau die Situation von einem Trader und jemand der 10 Jahre später die gleiche Information erhält.

Gehen wir nun nicht von drei Sekunden aus, sondern von drei Minuten, wie es beim klassischen Anleger beim Online-Banking der Fall ist, dann wären dies in der Relation über 34.246 Jahre. Somit ist die Relation eines Hochfrequenzhändlers und eines klassischen Anlegers vergleichbar mit der Relation eines klassischen Anlegers mit jemand der vor 34.246 Jahren die gleichen Daten erhalten hätte, also in der Steinzeit.

Somit liegen zwischen einem klassischen Anleger und einem Hochfrequenzhändler geologische Epochen nach dieser Zeitrechnung. (siehe Abb. 2.1)

▶   Eine vollständige Systematisierung aller Strategien des Hochfrequenzhandels ist nicht möglich.

Im folgenden werden die Strategien, die aktuell im Hochfrequenzhandel in Europa und USA praktiziert werden, systematisiert. Basis dieser Systematik sind die praktischen Aspekte im realen Handel und in der Entwicklung der Systeme.

Wobei zu berücksichtigen ist, dass im Hochfrequenzhandel Strategien in einer modularen Systemkonzeption Anwendung finden und daher in der Regel zahlreiche Subvarianten und Kombinationen von bestimmten Strategietypen in der Praxis vorzufinden sind.

▶   Die Strategien des Hochfrequenzhandels werden nach Manipulationsstrategien, Market-Making-Strategien, Arbitragestrategien, Latenzstrategien und Momentumstrategien klassifiziert.

Die Kategorie der Manipulationsstrategien besteht aus als aggressiv einzustufen-
den und gezielt manipulativen Strategietypen. Die wesentlichen Strategietypen
der Manipulationsstrategien sind Layering, Spoofing, Price Fade, Venue Fade,
Quote Matching, Sniffing out, Quote Stuffing und das sogenannte Pinging.
Bei den Strategieformen der Kursmanipulation wird ein bestimmtes Kursmomentum manipulativ generiert, welches seinen Ursprung nicht im Kursbildungs-
prozess hat, sondern primär auf stimulierendem Order Routing basiert.
Market-Making-Strategien basieren grundsätzlich auf asymmetrischen Kursin-
formationen. Market-Making-Strategien beinhalten orderbuchbezogene Strategien
wie Spread Capturing, Spread Trading und alle Varianten der Liquidity Rebate.
Bei der Kategorie der Arbitragestrategien wird unterschieden nach Statistical
Arbitrage, Cross Market Arbitrage und Cross Asset Arbitrage.
Arbitragestrategien sind um so profitabler, je geringer die Latenz der Ursprungs-
Data-Feeds ist. In der Regel sind Arbitragestrategien im Hochfrequenzhandel nur
mit Co-Locations nachhaltig profitabel. Die meisten Ansätze basieren auf Kor-
relationen von mindestens zwei Finanzprodukten, welche auf mindestens zwei
Handelsplätzen gleichzeitig gelistet sind und deren Korrelation nicht marktbe-
dingt, sondern produktbedingt ist.
Latenzstrategien werden nach Latency Arbitrage, Market Latency Arbitrage
und Order Routing Latency Arbitrage klassifiziert. Bei Latenzstrategien versucht
man eine strategische Vorgehensweise zu nutzen, die allein auf der technologischen Überlegenheit beim Datentransfer basiert. Man versucht bei dieser Form
der Arbitrage Geschwindigkeitsvorteile beim Bezug von Marktdaten vorteilhaft
gegenüber denjenigen, der im Markt verlangsamt agiert, zu nutzen. Latenzstrategien sind somit rein technologiebasierend.
Momentumstrategien lassen sich klassifizieren nach Order Anticipation, Liquidity Detection, Momentum Ignition, Momentum Trading, News Reading und
News Trading.
Bei Momentumstrategien werden extrem kurzfristige Kursbewegungen, die
nur punktuell auftreten und nicht Komponenten eines langfristigen Trends sind,
gehandelt. Die Haltedauer bei diesem Strategietyp beträgt in der Regel maximal
wenige Sekunden.

▶   Der Hochfrequenzhandel basiert auf multiplen Strategieanordnungen.

Manipulationsstrategien				
Layering	Spoofing	Price Fade	Venue Fade	Quote Matching
Sniffing out	Quote Stuffing	Pinging		

Market-Making-Strategien		
Spread Capturing	Spread Trading	Liquidity Rebate

Arbitragestrategien		
Statistical Arbitrage	Cross Market Arbitrage	Cross Asset Arbitrage

Latenzstrategien		
Latency Arbitrage	Market Latency Arbitrage	Order Routing Latency Arbitrage

Momentumstrategien					
Order Anticipation	Liquidity Detection	Momentum Ignition	Momentum Trading	News Reading	News Trading

Abb. 2.2 Aktuelle Strategiematrix des Hochfrequenzhandels

Eine eindeutige Zuordnung der in der Praxis angewendeten Strategien ist in der Regel nicht möglich, da die Strategien des Hochfrequenzhandels aufgrund ihrer Konzeption multiple Varianten beinhalten.

Die Strategiematrix in Abb. 2.2. systematisiert die Gesamtheit der aktuell praktizierten Strategien des Hochfrequenzhandels.

▶   Siehe Gresser, Uwe (2017b), Praxishandbuch Hochfrequenzhandel Band 2, Springer Gabler, Kap. 5: Typisierung und Struktur der Strategien des Hochfrequenzhandels.

Zusammenfassung

- Eine vollständige Systematisierung aller Strategien des Hochfrequenzhandels ist nicht möglich.
- Die Strategien des Hochfrequenzhandels werden nach Manipulationsstrategien, Market-Making-Strategien, Arbitragestrategien, Latenzstrategien und Momentumstrategien klassifiziert.
- Der Hochfrequenzhandel basiert auf multiplen Strategieanordnungen.

2.2   Kursmanipulation im Hochfrequenzhandel

Haifischbecken Dark Pool

In Dark Pools ist eine niedrige durchschnittliche Tradegröße ein Indiz für eine dominierende Präsenz von Hochfrequenzhändlern. Es zeigt die Erfahrung in der Praxis, dass je niedriger die durchschnittliche Tradegröße in einem Dark Pool ist, desto wahrscheinlicher ist die Präsenz von aggressiv agierenden Hochfrequenzhändlern.

Die durchschnittlichen Tradegrößen in den Dark Pools Crossfinder, Barclays LX und UBS ATS sind konstant niedrig. Insbesondere bieten die Betreiber dieser Dark Pools Credit Suisse, Barclays und UBS spezielle Tools wie Liquidity-Detection- und Order-Anticipation-Algorithmen an, um es Hochfrequenzhändler zu ermöglichen, interessante Gegengeschäfte innerhalb der Dark Pools zu lokalisieren.

Untersuchungen der US-amerikanischen Börsenaufsicht U.S. Securities and Exchange Commission (SEC) stellten in den Jahren 2015 und 2016 massive Verstöße und Manipulationen in diesen Dark Pools in Zusammenhang mit dem Hochfrequenzhandel fest. Credit Suisse wurde zu einer Strafzahlung von 84,3 Millionen US-Dollar, Barclays von 70 Millionen US-Dollar und UBS von 14,4 Millionen US-Dollar verurteilt.[1]

▶   Die Manipulationen im Hochfrequenzhandel finden primär in Dark Pools statt.

Hochfrequenzhändler, die beabsichtigen Kurse gezielt zu manipulieren, fokussieren sich primär auf die Orderbücher von Dark Pools. Einerseits dienen die Order-

---

[1]U.S. Securities and Exchange Commission, 2016, Press Release 2016-16.

bücher der Dark Pools als Datenbasis der Strategien und anderseits ergeben sich in Dark Pools lukrative Möglichkeiten bestimmte Orderverhalten gezielt zu provozieren und gewünschte Strukturen manipulativ zu stimulieren.

Der Hochfrequenzhändler ist bei Anwendung von Manipulationstechniken in der Regel nicht an auszuführenden Trades, sondern nur an der stimulierten Kauf- bzw. Verkaufsbereitschaft der anderen Marktteilnehmer interessiert.

Layering, Spoofing
Layering- und Spoofing-Algorithmen übermitteln multiple Orders mit dem Ziel einen irreführenden Eindruck über das momentane Marktverhalten im Orderbuch zu generieren.

Die multiplen Orders werden zu einem geringen Anteil ausgeführt, der Großteil der Orders wird algorithmisch autonom gecancelt. Die Orderfrequenz bei Layering- und Spoofing-Algorithmen liegt bei den heutigen Systemen bereits im Nanosekundenbereich.

▶   Die Manipulationstechniken sind Bestandteil aller Strategien des Hochfrequenzhandels.

Anhand der vorliegenden Gebote in den Orderbüchern ist es nicht ersichtlich, wie sich jemand im Markt beabsichtigt zu positionieren, jedoch lässt sich an dem Verhalten speziell bei stimulierenden Orderbuchsituationen eine strategische Absicht der anderen Marktteilnehmer ableiten. Auf diesem Prinzip basieren grundsätzlich die Manipulationstechniken des Hochfrequenzhandels.

Die Manipulationstechniken sind Komponenten aller Strategien des Hochfrequenzhandels. Die Abb. 2.3. klassifiziert besonders auffälligen Strategietypen des Hochfrequenzhandels nach Grad der Manipulation.

Quote Stuffing
Beim Quote Stuffing wird eine große Anzahl von Orders im Orderbuch platziert und simultan gecancelt oder systematische upgedatet mit dem Ziel das System zu überlasten und den Prozess der Orderverarbeitung an den Börsen dadurch zu verlangsamen.

Grundsätzlich wird bei allen Strategieformen der Kursmanipulation ein bestimmtes Kursmomentum künstlich generiert, welches nicht seinen Ursprung im Preisbildungsprozess hat, sondern primär auf manipulativem Order Routing basiert.

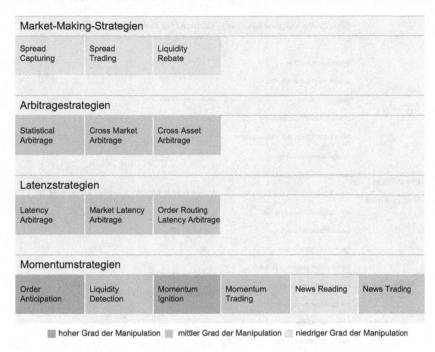

Abb. 2.3 Grad der Manipulation der Strategien des Hochfrequenzhandels

Pinging

Das Pinging ist eine Abfolge von algorithmisch generierten Ping Orders mit der Absicht, einerseits den Markt auszuspionieren oder andererseits den Markt zu irritieren. Die Pinging-Algorithmen agieren mit sehr kleinen Stückzahlen, die gezielt im Orderbuch platziert werden und in der Regel auch zur Ausführung kommen.

In der Praxis wird das Pinging in Kombination mit Quote Stuffing angewendet. Die Ausführungsquote von Ping Orders liegt im Durchschnitt bei über 90 Prozent.

▶ Die gängigen Manipulationstechniken im Hochfrequenzhandel sind Layering, Spoofing, Price Fade, Venue Fade, Quote Matching, Sniffing out, Quote Stuffing und Pinging.

Die Abb. 2.4. fasst die aktuell bekannten manipulativen Techniken im Hochfrequenzhandel konzeptionell zusammen.

	prinzipielle Vorgehensweise	strategische Zielsetzung	Identifikation
Layering, Spoofing	Senden multiple Orders algorithmisch generierte Orders geringe Stückzahl nicht zur Ausführung bestimmt systematisch gecancelt oder upgedatet	Irritation des Orderbuchs	nicht eindeutig
Price Fade, Venue Fade	Senden sukzessive Orders algorithmisch generierte Orders hohe Stückzahl nicht zur Ausführung bestimmt systematisch gecancelt	Stimulation des Orderbuchs	nicht eindeutig
Quote Matching	Senden taktische Orders algorithmisch generierte Ordes geringe und hohe Stückzahl zur Ausführung bestimmt hohe Ausführungsquote	Analyse des Orderbuchs Identifikation von Limits im Orderbuch	eindeutig
Sniffing out	Senden taktische Orders algorithmisch generierte Orders geringe Stückzahl sukzessive Variation des Limits zur Ausführung bestimmt hohe Ausführungsquote	Identifikation von Limits im Orderbuch	eindeutig
Quote Stuffing	Senden hochfrequenter Orders algorithmisch generierte Ordes hohe Stückzahl nicht zur Ausführung bestimmt systematisch gecancelte Orders upgedatet	Überlastung des Orderbuchs	nicht eindeutig
Pinging	Senden einer Abfolge von Ping Orders algorithmisch generierte Ordes geringe Stückzahl zur Ausführung bestimmt hohe Ausführungsquote	Irritation des Orderbuchs Stimulation des Orderbuchs	eindeutig

Abb. 2.4 Techniken der Kursmanipulation im Hochfrequenzhandel

▶ Siehe Gresser, Uwe (2017b), Praxishandbuch Hochfrequenzhandel
   Band 2, Springer Gabler, Kap. 6: Systematisierung und Konzeption von
   Manipulationsstrategien des Hochfrequenzhandels.

Zusammenfassung
- Die Manipulationen im Hochfrequenzhandel finden primär in Dark Pools statt.
- Die Manipulationstechniken sind Bestandteile aller Strategien des Hochfrequenzhandels.
- Die gängigen Manipulationstechniken im Hochfrequenzhandel sind Layering, Spoofing, Price Fade, Venue Fade, Quote Matching, Sniffing out, Quote Stuffing und Pinging.

2.3 Regulierung des Hochfrequenzhandels

Sekunden-Crashs im DAX
Aktuell finden täglich hunderte Sekunden-Crashs von teilweise mehreren Prozentpunkten im DAX statt. Diese Sekunden-Crashs korrigieren sich innerhalb von wenigen Mikrosekunden und bleiben in der Regel unbemerkt. Insbesondere werden diese Kursausschläge aus den regulären Data Feeds gefiltert, sodass die Verantwortlichkeit dieser Kursbewegungen im Nachhinein kaum mehr eindeutig nachweisbar ist.

Sekunden-Crashs sind hochproblematisch, da sie in der Regel auf gezielten Manipulationstechniken basieren und die Kursbildung direkt beeinflussen.

Hochfrequenzhändler profitieren von derartigen extremen Kursbewegungen mit nahezu risikofreien Gewinnen, da sie diese Bewegungen mit entsprechenden Order Anticipation Tools exakt prognostizieren und beispielsweise mithilfe von Liquidity Detection Tools zeitkongruent handeln können.

▶ Eine umfassende Regulierung des weltweiten Hochfrequenzhandels
   ist nicht realisierbar.

Zahlreiche Praktiken des Hochfrequenzhandels sind als äußerst kritische im Hinblick auf Fairneß und Marktqualität einzustufen. Eine regulatorische Pauschalisierung aller Strategien oder ein kategorisches Verbot des gesamten Hochfrequenzhandels ist jedoch weder angemessen noch realisierbar.

Der Hochfrequenzhandel ist nicht als eine isolierte strategische Vorgehensweise, sondern als technologische Konzeption zu verstehen. Aufgrund der bestehenden hohen Innovationsdynamik der verwendeten Datentechnologien ist eine adäquate Regulierung nicht möglich.

Jede Form von Regulierung erfordert grundsätzlich ein differenziertes Vorgehen und es sollten letztendlich nur die Varianten des Hochfrequenzhandels mit restriktiven Vorschriften belegt werden, die eindeutig als marktschädlich und destruktiv einzustufen sind.

Tokyo Stock Exchange (TSE) und Singapore Exchange (SGX)
Nationale regulatorische Vorschriften können in der Praxis des Hochfrequenzhandels durch Verlagerung des Handels auf ausländische Handelsplätze problemlos umgegangen werden.

In diesem Zusammenhang ist auch die internationale Wettbewerbssituation der Börsen zu berücksichtigen, die letztendlich an Hochfrequenzhändler als Kunden und insbesondere an deren hohen Handelsaktivität interessiert sind.

Aktuell findet eine zunehmende Verlagerung des Hochfrequenzhandels von Europa und USA auf asiatische Börsen wie Singapur oder Japan statt. Die Tokyo Stock Exchange (TSE) ist bereits seit dem Jahr 2000 mit der Plattform Arrowhead marktführend im Hochfrequenzhandel und gilt heute vor allem aufgrund der wenig restriktiven Regulierung als eine der favorisierten Börsen im Hochfrequenzhandel. Aktuell bietet auch die Singapore Exchange (SGX) im internationalen Vergleich äußerst regulierungsfreundliche Rahmenbedingungen im Hochfrequenzhandel.

In der Praxis des Hochfrequenzhandels ist es aufgrund der Komplexität der einzelnen Strategiemodule grundsätzlich nicht möglich, eine isolierte Vorgehensweise genau einer bestimmten Strategie zuzuordnen.

Es gibt bestimmte Gruppen von Strategien, die durchaus als kritisch einzustufen sind, jedoch nicht in ihrer gesamten strategischen Konzeption untersagt werden können.

Als durchaus problematisch sind aktuell die Latenzstrategien einzustufen, die auf asymmetrischen Kursinformationen zum Nachteil vor allem klassischer Anleger basieren. Ein als negativ im Hinblick auf Marktstabilität einzustufendes geschwindigkeitsoptimiertes Front Running ist in den meisten Fällen der Latenzstrategien gegeben.

Im Folgenden werden aktuell bestehende Regulierungsansätze unter dem Aspekt der Praktikabilität und der prinzipiellen regulatorischen Vorgehensweise systematisiert. Es wird differenziert nach allgemeiner Regulierung, gezielter Identitätsregulierung und konkreter Strategieregulierung.

▶   Allgemeine Regulierungen des Hochfrequenzhandels sind nicht effektiv.

Bei der allgemeinen Regulierung wird die Gesamtheit bestimmter Handelsformen unter finanzmarktrechtlicher Beobachtung gestellt. In diesem Zusammenhang sind Ansätze der fiskalischen Einflussnahme in Form einer Finanztransaktionssteuer und der allgemeinen Mindesthaltedauer als aktuelle Beispiele zu nennen.

Allgemeine Regulierungen wirken sich grundsätzlich auf alle Börsengeschäfte aus und betreffen somit nicht nur den Hochfrequenzhandel.

Mindesthaltedauer in Deutschland
In Deutschland ist der Hochfrequenzhandel durch das Deutsche Hochfrequenzhandelsgesetz auf nationaler Ebene reguliert. Mit Umsetzung von MiFID II und der MiFIR soll der Hochfrequenzhandel europaweit einheitlich reguliert werden.
Wobei unter MiFID II eine Mindesthaltedauer im Hochfrequenzhandel nicht vorgeschrieben wird. Der Vorschlag im Entwurf des Europäischen Parlaments eine Mindesthaltedauer im Hochfrequenzhandel von 500 Millisekunden einzuführen wurde letztendlich nicht umgesetzt.

▶ Gezielte Identitätsregulierungen des Hochfrequenzhandels sind effektiv.

Bei der zweiten Kategorie von Regulierungsansätzen, bestehend aus Vorgehensweisen einer gezielten Identitätsregulierung, versucht man nach dem Verursacherprinzip vorzugehen und Auffälligkeiten von Transaktionen bestimmten IDs von Marktteilnehmern zuzuordnen.
Bei der Identitätsregulierung sind alle Typen von Strategien betroffen, da nicht auf Strategieebene differenziert wird, sondern auf Basis der Vorgehensweise bestimmte Akteure agiert wird. Dieser Ansatz wird zumindest der strategischen Konzeption des Hochfrequenzhandels gerecht, bei der eine bestimmte Handelsaktivität grundsätzlich nicht einer isolierten Strategie zuzuordnen ist.
Problematisch hierbei ist jedoch die systematische, zeitgleiche Überwachung und Identifikation aller Akteure und Algorithmen.

Algo Flagging der Deutschen Börse
Aktuell können von der Deutschen Börse die Algorithmen der Hochfrequenzhändler mit entsprechenden IDs identifiziert werden und durch eine umfassende Informationspflicht Verstöße eindeutig zugeordnet werden.
Beispielsweise werden häufig angewendete Ausführungsalgorithmen im Hochfrequenzhandel, die auf dem Tracking beispielsweise des Time-Weighted Average Price (TWAP) und Volume-Weighted Average Price (VWAP) basieren, von der Deutschen Börse mit spezifischen IDs belegt, sodass die jeweiligen Hochfrequenzhändler bei etwaigen Verstößen in der Ausführung eindeutig identifiziert werden können.

▶ Konkrete Strategieregulierungen des Hochfrequenzhandels sind die effektivsten Massnahmen.

Eine weitere Form von Regulierungsansätzen basiert auf der konkreten Strategieregulierung und somit auf entsprechend strategiebezogenen Restriktionen. Man versteht darunter weniger die Einschränkung einer bestimmten Strategie als Ganzes, sondern versucht durch gezielte Einflussnahme auf den operativen Prozess einer strategischen Umsetzung regulativ im Sinne der Verbesserung des Kursbildungsprozesses einzugreifen.

Beispiel einer konkreten Strategieregulierung ist die Limitierungen von Orderaktivitäten im Hinblick auf das Stornieren von Orders. Dieses Prinzip basiert auf der Feststellung, dass manipulative Konzepte im Hochfrequenzhandel oft eine hohe Rate von gecancelten Orders aufweisen.

In Abb. 2.5. werden zusammenfassend die Strategien des Hochfrequenzhandels nach der Notwendigkeit einer strategiespezifischen Regulierung systematisiert.

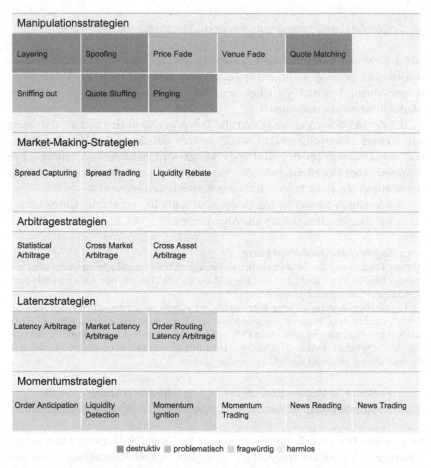

Abb. 2.5 Notwendigkeit einer strategiespezifischen Regulierung im Hochfrequenzhandel

Zusammenfassend ist festzustellen, dass bei jeder Form der Regulierung grundsätzlich die Problematik besteht, dass es sich um einen gezielten Eingriff in die Liquiditätsstruktur der Börsen handelt und das Market Making direkt betroffen ist. Damit können die etwaigen Auswirkungen einer zu restriktiven Vorgehensweise wesentlich schädlicher sein als die eigentlichen fragwürdigen Vorgehensweisen im Hochfrequenzhandel.

▶   Siehe Gresser, Uwe (2017b), Praxishandbuch Hochfrequenzhandel Band 2, Springer Gabler, Kap. 11: Ansätze und Massnahmen der Regulierung des Hochfrequenzhandels.

Zusammenfassung

- Eine umfassende Regulierung des weltweiten Hochfrequenzhandels ist nicht realisierbar.
- Allgemeine Regulierungen des Hochfrequenzhandels sind nicht effektiv.
- Gezielte Identitätsregulierungen des Hochfrequenzhandels sind effektiv.
- Konkrete Strategieregulierungen des Hochfrequenzhandels sind die effektivsten Massnahmen.

Welche Rolle spielt der Hochfrequenzhandel aktuell?

3

3.1 Hochfrequenzhandel aktuell in USA

Kursmanipulationen der NYSE

2016 hat die US-amerikanische Börsenaufsicht U.S. Securities and Exchange Commission (SEC) aus ihrem Whistleblower-Programm an einen Informanten eine Prämie von 750.000 US-Dollar ausgezahlt. Der Whistleblower lieferte eindeutige Beweise dafür, dass die NYSE ihre eigenen Kurse mit verzögerten Zeitstempeln manipulierte. Die Kurse wurden zum Vorteil der in der Co-Location der NYSE ansässigen Hochfrequenzhändler zeitlich verändert. Ein Verdacht, der schon lange im Raum stand, aber nun zweifelsfrei bewiesen werden konnte.

Der Whistleblower hat den internen Data Feed der Hochfrequenzhändler mit dem Direct Data Feed der NYSE, der an den Security Information Processor (SIP) weitergeleitet wird, über einen Zeitraum von mehreren Monaten verglichen.

Über den Security Information Processor (SIP) werden Kurse an Agenturen wie Bloomberg und Reuters weitergeleitet, daher werden etwaige Manipulationen, die eine Verfälschung des öffentlichen Data Feed beabsichtigen, in der Regel bei der Datenübermittlung zum Security Information Processor (SIP) durchgeführt.

Der Informant verglich u. a. den Data Feed von General Electric (GE), der von der NYSE an den Security Information Processor (SIP) übermittelt wurde, mit den Aktienkursen aus dem Open Book der NYSE. Er konnte manipulative Verzögerungen der Data Feeds zum Nachteil der anderen Marktteilnehmer, insbesondere der klassischen Anleger, von mehreren Millisekunden nachweisen.

© Springer Fachmedien Wiesbaden GmbH 2018
U. Gresser, *Hochfrequenzhandel,* essentials,
https://doi.org/10.1007/978-3-658-19911-1_3

Die festgestellte Verzögerung ist ein Verstoß gegen die Vorschriften der US-amerikanischen Börsenaufsicht U.S. Securities and Exchange Commission (SEC), insbesondere wurde die Regulation National Market System (Reg NMS) missachtet, die besagt, dass nicht einer Gruppe von Marktteilnehmern, in diesem Fall den Hochfrequenzhändler, Data Feeds priorisiert gegenüber der Öffentlichkeit, die die Data Feeds über den Security Information Processor (SIP) bezieht, zur Verfügung gestellt werden dürfen.

Die NYSE musste für diese Form von Manipulation eine Strafzahlung von 5 Millionen Dollar leisten.[1]

▶ Der Hochfrequenzhandel in den USA ist im internationalen Vergleich ein Spezialfall.

Das Prinzip des Hochfrequenzhandels in den USA basiert auf Data Networks und der Berechnung eines synthetischen National Best Bid and Offer (NBBO) durch die Hochfrequenzhändler, das identisch zu dem zeitverzögert berechneten offiziellen National Best Bid and Offer (NBBO) der US-amerikanischen Börsenaufsicht ist.

Insbesondere besteht der wesentliche operative Unterschied zwischen dem Hochfrequenzhandel in den USA und beispielsweise in Europa oder Asien in den komplexen Data Networks, die die Data Feeds der Börsen und der Alternative Trading Systems (ATS)[2] untereinander verknüpfen.

Dementsprechend sind im Hochfrequenzhandel in den USA zum einen die Latenzen der Direct Data Feeds und zum andern die Latenzen der jeweiligen Network Data Feeds, die aus der datentechnologischen Verknüpfung der Handelsplätze untereinander resultieren, relevant. Man differenziert daher im Hochfrequenzhandel in USA nach Latenz der Direct Data Feeds und nach Latenz der Network Data Feeds. (siehe Abb. 3.1)

▶ Der Hochfrequenzhandel in den USA basiert auf der Fragmentierung der Börsen und Alternative Trading Systems (ATS).

Von entscheidender strategischer Bedeutung im Hochfrequenzhandels in den USA ist die NBBO-Regelung und die darin vorgeschriebene Trade Through Rule,

---

[1]U.S. Securities and Exchange Commission (SEC), 2012, Press Release 2012-189.
[2]Alternative Trading Systems (ATS) werden in den USA klassifiziert nach Dark Pools und Electronic Communication Networks (ECN).

Börse	Connection Type	Co-Location	Latenz Direct Data Feed
NYSE	40 GB	Mahwah	62 µs
NASDAQ	40 GB	Secaucus	72 µs
BATS	10 GB (Binary)	Carteret	82 µs

Börse	Connection Type	Co-Location	Latenz Network Data Feed
NYSE - NASDAQ	Wireless (50Mbps)	Mahwah - Secaucus	118 µs
BATS - NASDAQ	Wireless (50Mbps)	Carteret - Secaucus	90 µs
BATS - NYSE	Wireless (50Mbps)	Carteret - Mahwah	192 µs
NYSE - NASDAQ	Wireless (20Mbps)	Mahwah - Secaucus	120 µs
NYSE - BATS	Wireless (20Mbps)	Mahwah - Carteret	191 µs

Abb. 3.1 Latenzen der Direct Data Feeds und der Network Data Feeds der NASDAQ, NYSE, BATS

welche die Kursstellung innerhalb des fragmentierten Börsensystems handelsplatzübergreifend regelt und in dieser Form weltweit einmalig ist.

Trade Through Rule
Die NBBO-Regelung und die Trade Through Rule der U.S. Securities and Exchange Commission (SEC) verpflichtet sowohl alle Börsen als auch alle Alternative Trading Systems (ATS), insbesondere Electronic Communication Networks (ECN) und Dark Pools[3], sich in ihren Kursausführungen an das handelsplatzübergreifende National Best Bid and Offer (NBBO) zu halten.

Diesbezüglich werden von den einzelnen Handelsplätzen an einen zentralen Prozessor alle Gebote übermittelt, der daraus das National Best Bid and Offer (NBBO) berechnet, welches dann als verpflichtende Vorgabe den einzelnen Handelsplätzen übermittelt wird.

▶   Die Einführung der Trade Through Rule war der Ursprung des heutigen Hochfrequenzhandels in den USA.

Die Trade Through Rule beinhaltet die Verpflichtung, dass die offiziellen Börsen und Electronic Communication Network (ECN) die jeweils aktuell besten Gebote

---

[3]Dark Pools in den USA sind nicht verpflichtet das Best Bid und Best Offer an den Security Information Processor (SIP) zu übermitteln, müssen jedoch in der Ausführung das National Best Bid and Offer (NBBO) einhalten.

an zwei zentrale Prozessoren mit der Bezeichnung Security Information Processor (SIP) übermitteln müssen.

Diese Prozessoren sind somit einerseits für die Berechnung des National Best Bid and Offer (NBBO) und andrerseits für die Überwachung und Einhaltung des National Best Bid and Offer (NBBO) zuständig.

Security Information Processor (SIP) Tape A, B, C

Der Security Information Processor (SIP) muss auf die Mikrosekunde genau aufzeichnen, wann Data Feeds empfangen und vom jeweiligen Prozessor veröffentlicht werden. Aktuell gibt es zwei Standorte des Security Information Processor (SIP), der Security Information Processor (SIP) Tape A, B befindet sich in Mahwah und der Security Information Processor (SIP) Tape C befindet sich in Carteret.

In den USA werden die Handelsplätze nach Börsen, Electronic Communication Network (ECN) und Dark Pools differenziert. Die Orderbücher der Börsen sind öffentlich und das Best Bid bzw. Best Offer muss an den Security Information Processor (SIP) Tape A, B bzw. C übermittelt werden.

Die Orderbücher von Electronic Communication Networks (ECN) sind nicht öffentlich, Best Bid bzw. Best Offer sind jedoch an den Security Information Processor (SIP) zu übermitteln.

Auch die Orderbücher von Dark Pools sind nicht öffentlich, es muss jedoch bei Dark Pools das Best Bid und das Best Offer nicht an den Security Information Processor (SIP) übermittelt werden, wohingegen die Einhaltung des National Best Bid and Offer (NBBO) auch für Dark Pools verpflichtend ist. (siehe Abb. 3.2)

Aufgrund dieser Sonderreglung bei Dark Pools in Zusammenhang mit dem Security Information Processor (SIP) sind die Data Feeds der Dark Pools ein zentraler strategischer Ansatzpunkt des Hochfrequenzhandels in den USA.

Die Trade Through Rule wurde im Jahr 2005 eingeführt. Neben dem Aufkommen neuer Handelstechnologien führten insbesondere die damals neuartigen operativen Rahmenbedingungen der Börsen zu einer deutlichen Zunahme von außerbörslichen Handelsplätzen.

	Relevanz des Security Information Processor (SIP)	Relevanz des National Best Bid and Offer (NBBO)
Börse	Best Bid, Best Offer	Einhaltung National Best Bid and Offer (NBBO)
Electronic Communication Network (ECN)	Best Bid, Best Offer	Einhaltung National Best Bid and Offer (NBBO)
Dark Pool	Kein Best Bid, kein Best Offer	Einhaltung National Best Bid and Offer (NBBO)

Abb. 3.2 Relevanz des Security Information Processor (SIP) und des National Best Bid and Offer (NBBO)

Die Trade Through Rule sollte im damaligen US-amerikanischen Börsensystem eine transparentere und damit für alle Anleger fairere Kursbildung, insbesondere an den zahlreichen außerbörslichen Handelsplätzen sicherstellen. Paradoxerweise ist rückblickend genau diese Vorschrift der strategische Ausgangspunkt des heutigen Hochfrequenzhandels in den USA.

▶ Der Hochfrequenzhandel in den USA basiert auf internen synthetischen Data Networks.

In den USA gibt es in der Praxis eine Vielzahl von strategischen Varianten des Hochfrequenzhandels, die jedoch aufgrund der Tatsache, dass die jeweiligen Strategievarianten im Detail nicht preisgeben werden, sich nicht umfassend klassifizieren lassen.

Es existiert jedoch ein allgemeingültiges Prinzip des Hochfrequenzhandels in den USA, welches auf der Existenz eines internen synthetischen Data Network basiert. Dieses Prinzip ist in seiner Konzeption für alle Strategievarianten des Hochfrequenzhandels in den USA relevant.

In den USA ist es den Hochfrequenzhändler gelungen mithilfe von internen Netzwerken den offiziellen Datenfluss der US-amerikanischen Börsen untereinander derart strategisch zu verknüpfen, dass daraus eine Art synthetisches Netzwerk des Datenflusses entstand, welches wesentlich schneller in der Datenübermittlung ist als das offizielle Netzwerk der Börsen.

Im Hochfrequenzhandel in den USA wird nach verschiedenen Data Networks differenziert: Network der Direct Data Feeds, Network der internen Data Feeds der Hochfrequenzhändler, Network der SIP Data Feeds. (siehe Abb. 3.3)

Die hellgrauen Linien in Abb. 3.3 zeigen die Datenverbindungen der Direct Data Feeds der Börsen NASDAQ (1), NYSE (2) und BATS (3) zu den jeweiligen Co-Locations der Hochfrequenzhändler, wobei der Direct Data Feed latenz- und geschwindigkeitsoptimiert sowohl an die eigene Co-Location der jeweiligen Börse geliefert wird als auch an die Co-Locations der anderen Börsen übermittelt wird.

Beispielsweise liefert die NASDAQ sowohl an ihre eigene Co-Location (1) in Secaucus den Direct Data Feed als auch an die 55 km entfernte Co-Location der NYSE (1a) in Mahwah und an die 26 km entfernte Co-Location der BATS (1b) in Carteret. Entsprechend übermittelt die NYSE ihre Data Feeds an ihre eigene Co-Location in Mahwah (2), an die Co-Location der NASDAQ (2a) und an die Co-Location der BATS (2b). Die BATS übermittelt ihre Data Feeds an die eigene Co-Location in Carteret (3), an die Co-Location der NASDAQ (3a) und an die Co-Location der NYSE (3b). Als Übertragungsmedien werden aktuell u. a. Mikrowellen verwendet.

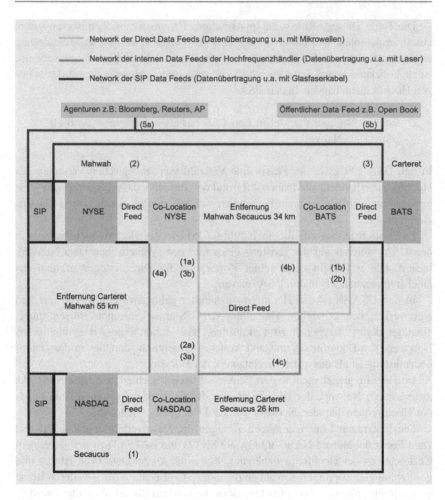

Abb. 3.3 Data Networks des Hochfrequenzhandels in den USA

Die Börsen berechnen den Hochfrequenzhändler für diesen Data Feed pro Jahr 1.962.000 US-Dollar (Stand Juli 2017).

Die dunkelgrauen Linien (4a), (4b), (4c) in Abb. 3.3. zeigen die internen Datenverbindungen der Hochfrequenzhändler untereinander bezogen auf die Co-Locations der NASDAQ, NYSE und BATS. Die Hochfrequenzhändler verknüpfen ihre Server in den jeweiligen Co-Locations nochmals untereinander derart, dass alle Data Feeds von allen anderen Börsen zu jedem Zeitpunkt an allen Co-Locations verfügbar sind.

Von besonderer strategischer Relevanz im Hochfrequenzhandel ist die Datenverbindung der Co-Location der NASDAQ zur Co-Location der BATS (4c). Speziell bei dieser Datenverbindung werden aktuell Laser als Übertragungsmedium verwendet.

Anova AOptix ULL3000 Laser
Eine neue Laserverbindung der Börsen BATS und NASDAQ beschleunigt aktuell den Hochfrequenzhandel von 191 Mikrosekunden auf aktuell 94,5 Mikrosekunden. (siehe Abb. 3.4)
Die Laserverbindung zwischen BATS und NASDAQ wird von der Firma Anova bereitgestellt, die bereits ein ähnliches Lasernetzwerk der Deutschen Börse in Frankfurt und der London Stock Exchange (LSE) betreibt.[4]

Entsprechend besteht auch eine interne Datenverbindung zwischen der Co-Location der NYSE und BATS (4b) bzw. der NASDAQ und BATS (4c), wobei die strategische Priorität in der Verbindung der BATS und NASDAQ (4c) besteht. (siehe Abb. 3.3)
Die schwarzen Linien in Abb. 3.3 zeigen die SIP Data Feeds. Diese Data Feeds werden am Security Information Processor (SIP) von allen Handelsplätzen gesammelt und zur Überwachung und Einhaltung des National Best Bid and Offer (NBBO) wieder an die Börsen NASDAQ, NYSE und BATS und alle Alternative Trading Systems (ATS), insbesondere Dark Pools, übermittelt.
Vom Security Information Processor (SIP) werden die Data Feeds an Agenturen wie Bloomberg, Reuters oder Associated Press (AP) (5a) übermittelt und über das Open Book (5b) veröffentlicht.
Am Security Information Processor (SIP) gehen die Data Feeds erst nachdem die Data Feeds den Hochfrequenzhändlern bereits bekannt sind, ein. Die Data Feeds, die über den Security Information Processor (SIP) laufen, sind somit grundsätzlich gegenüber dem Direct Data Feed zeitverzögert.

Börse	Übertragungsmedium	Geschwindigkeit	Co-Location	Latenz Network Data
NYSE - BATS	Laser	2 Gbps	Mahwah - Carteret	94,5 µs
NYSE - BATS	Wireless	20 Mbps	Mahwah - Carteret	191 µs

Abb. 3.4 Latenz des Network Data Feed NASDAQ, BATS

---

[4]Anova Technologies, 2017, High Availability Wireless Market Data.

Aufgrund der Existenz derartiger komplexer Data Networks sind Latenzstrategien wie Market Latency Arbitrage und die Order Routing Latency Arbitrage die in den USA am häufigsten praktizierten Strategien im Hochfrequenzhandel. Latenzstrategien nutzen prinzipiell die zeitliche Diskrepanz innerhalb der Data Networks zu ihrem Vorteil. Vereinfacht ausgedrückt können Hochfrequenzhändler mit ihrem internen synthetischen Data Feed jede Kursfeststellung an den Börsen NYSE, NASDAQ und BATS einerseits antizipieren und andrerseits sich mit ihren Orders entsprechend besser positionieren, insbesondere Orders der anderen Marktteilnehmer, insbesondere klassische Anleger abfangen.

Prinzip der Latenzstrategien in den USA

Man kann sich die Latenzstrategien des Hochfrequenzhandels in den USA bildhaft wie ein Supermarkt (NYSE, NASDAQ, BATS) vorstellen, den der Kunde (klassische Anleger) mit einer Einkaufliste (Order auf Basis des SIP Data Feed) betritt. Und sobald er einen Fuß in den Supermarkt gesetzt hat steigen exakt zu diesem Zeitpunkt die Preise (interner synthetischer Data Feed) der Produkte, die sich auf seiner Einkaufsliste (Order auf Basis des SIP Data Feed) befinden, weil der Verkäufer (Hochfrequenzhändler) wenige Mikrosekunden bevor der Kunde (klassische Anleger) den Supermarkt (NYSE, NASDAQ, BATS) betreten hat über dessen Einkaufsliste (Order auf Basis des SIP Data Feed) informiert war. Und sobald er den Supermarkt (NYSE, NASDAQ, BATS) wieder verlässt, fallen die Preise (interner synthetischer Data Feed) wieder auf ihren ursprünglichen Preis (SIP Data Feed) bis der nächste Kunde (klassische Anleger) den Laden (NYSE, NASDAQ, BATS) betritt.

▶   Der Hochfrequenzhandel in den USA fokussiert sich primär auf Latenzstrategien.

Der Hochfrequenzhandel in den USA umfasst nahezu alle Varianten von Strategien, wobei der strategische Schwerpunkt aufgrund der speziellen Situation des US-amerikanischen Börsensystems auf Latenzstrategien liegt.

Die Strategiematrix in Abb. 3.5 systematisiert die in den USA gängigen Strategien des Hochfrequenzhandels nach den Kriterien der Verbreitung, Grad der Liquiditätsanforderung und Grad der Profitabilität.

	Market-Making-Strategien		
	Spread Capturing	Spread Trading	Liquidity Rebate
Grad der Liquidität	+++ +++ +++ +++ +++	+++ +++ +++ +++ +++	+++ +++ +++ +++
Grad der Profitabilität	+++ +++	+++ +++	+++

	Arbitragestrategien		
	Statistical Arbitrage	Cross Market Arbitrage	Cross Asset Arbitrage
Grad der Liquidität	+++ +++ +++ +++ +++	+++ +++ +++ +++ +++	+++ +++ +++ +++
Grad der Profitabilität	+++ +++ +++	+++ +++ +++ +++ +++ +++	+++ +++ +++ +++ +++ +++

	Latenzstrategien		
	Latency Arbitrage	Market Latency Arbitrage	Order Routing Latency Arbitrage
Grad der Liquidität	+++ +++ +++ +++ +++ +++	+++ +++ +++ +++ +++ +++	+++ +++ +++ +++ +++
Grad der Profitabilität	+++ +++	+++ +++	+++

	Momentumstrategien			
	Order Anticipation	Liquidity Detection	Momentum Ignition	Momentum Trading
Grad der Liquidität	+++ +++ +++	+++ +++	+++	+++
Grad der Profitabilität	+++ +++ +++	+++ +++ +++ +++ +++	+++ +++ +++ +++ +++	+++ +++ +++ +++ +++ +++
	News Reading	News Trading		
Grad der Liquidität	+++	+++		
Grad der Profitabilität	+++ +++ +++ +++ +++ +++	+++ +++ +++ +++ +++ +++		

■ häufig praktiziert ■ oft praktiziert ■ selten praktiziert

Abb. 3.5 Strategiematrix des Hochfrequenzhandels in den USA

▶ Siehe Gresser, Uwe (2017b), Praxishandbuch Hochfrequenzhandel Band 2, Springer Gabler, Kap. 1: Konzeption und Entwicklung des Hochfrequenzhandels

Zusammenfassung

- Der Hochfrequenzhandel in den USA ist im internationalen Vergleich ein Spezialfall.
- Der Hochfrequenzhandel in den USA basiert auf der Fragmentierung der Börsen und Alternative Trading Systems (ATS).
- Die Einführung der Trade Through Rule war der Ursprung des heutigen Hochfrequenzhandels in den USA.
- Der Hochfrequenzhandel in den USA basiert auf internen synthetischen Data Networks.
- Der Hochfrequenzhandel in den USA fokussiert sich primär auf Latenzstrategien.

3.2   Hochfrequenzhandel aktuell in Deutschland

AlphaFlash der Deutschen Börse

Die Deutsche Börse bietet Hochfrequenzhändlern einen Service mit der Bezeichnung AlphaFlash, der einen gefilterten Newsfeed als maschinenlesbaren Code direkt den Systemen in der Co-Location in Frankfurt[5] übermittelt.

Der Newsfeed wird von der Nachrichtenagentur MNI bereitgestellt, die Zugang sowohl zu den offiziellen Freigabestellen als auch zu Nachrichten haben, die mit Sperrfristen versehen sind.

Unter anderem werden die folgenden Newsfeeds über AlphaFlash vor offizieller Veröffentlichung an Hochfrequenzhändler in codierter und maschinenlesbarer Form übermittelt: US Arbeitsmarktdaten, Bruttosozialprodukt, Inflationszahlen, FOMC Zinsentscheidungen, EZB Zinsentscheidungen und BOE Zinsentscheidungen.[6]

Die Newsfeeds beinhalten insbesondere die Zinsentscheidungen der Notenbanken sowie alle relevanten makroökonomischen Indikatoren. Im Newsfeed von AlphaFlash ist beispielsweise der Chicago Business Barometer (Chicago PMI) enthalten, dieser wird vor offizieller Veröffentlichung exklusiv an die Systeme der Hochfrequenzhändler übermittelt. Insbesondere wird dieser Newsfeed nachdem er an die Hochfrequenzhändler übermittelt wurde

---

[5]Über Co-Location-Access liefert AlphaFlash Newsfeeds auch an Co-Locations in Chicago, Secaucus und Washington.

[6]AlphaFlash, 2017, The Fastest Machine-Readable Economic News.

zusätzlich mit einer weiteren Sperrfrist von bis zu 3 Minuten versehen, bis dieser dann offiziell veröffentlicht wird.

AlphaFlash wird direkt in News-Trading-Systeme integriert. Die Grund-funktionalität von News-Trading-Systeme im Hochfrequenzhandel besteht in der Positionierung bereits vor offizieller Veröffentlichung der News auf Basis von Momentumstrategien (konkret mithilfe von Momentum-Ignition- und Liquidity- Detection-Strategien) und gezielten Orderbuchstrategien (konkret mithilfe Price Fades und Venue Fades) beispielsweise in Index-Futures wie EURO STOXX 50 Index Future oder DAX Futures.

Die Round-Trip-Zeiten der Hochfrequenzhändler an der Deutschen Börse beim News Trading mit AlphaFlash liegen aktuell beim EURO STOXX 50 Index Future bei ca. 44 Mikrosekunden und beim DAX Future bei ca. 40 Mikrosekunden.[7]

▶   Der Hochfrequenzhandel in Deutschland fokussiert sich auf Co-Location und Co-Location-Access.

Der Hochfrequenzhandel in Deutschland konzentriert sich auf einfachen Co-Location und Co-Location-Access und nicht auf komplexe Data Networks verschiedener Co-Locations wie in den USA.

Der Hochfrequenzhandel in Deutschland unterscheidet sich somit grundlegend sowohl aufgrund seiner technologischen Konzeption als auch im Hinblick seiner strategischen Varianten von dem in den USA praktizierten Hochfrequenzhandel. Insbesondere sind die Latenzvoraussetzungen der Strategien in Deutschland weniger restriktiv als in den USA.

Eurex Host
Die Deutsche Börse bietet in Frankfurt eine spezielle Co-Location, die es Hochfrequenz-händlern ermöglicht die Server nur wenige Meter entfernt von dem jeweiligen Eurex Host, dem Matching Engine der Eurex, zu platzieren.

Die Handelssysteme der Hochfrequenzhändler befinden sich im gleichen Rechenzentrum wie die Eurex Matching Engines. Für die operative Ausgestaltung ist die Firma Equinix, die auch die Co-Locations in Zürich im Auftrag der Schweizer Börse betreibt, zuständig.

▶   Internationale Handelsplätze sind im Hochfrequenzhandel in Deutschland über Co-Location-Access verbunden.

---

[7]Stand März 2017, siehe Eurex, 2017b, Insights Into Trading System Dynamics.

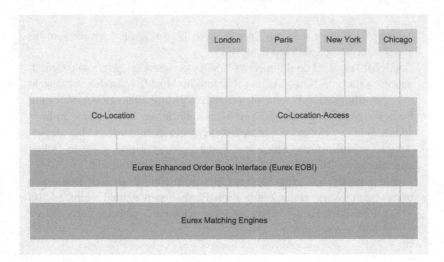

Abb. 3.6   Co-Location und Co-Location-Access der Deutschen Börse

Aktuell werden in Deutschland zahlreiche Strategien bevorzugt über den Co-Location-Access der deutschen Börse angewendet. Insbesondere kann man mit einem von der Deutschen Börse bereitgestellten Co-Location-Access an den internationalen Börsen New York, Chicago, London und Paris handeln, ohne dass die grundsätzliche Funktionalität der Systeme eingeschränkt ist. (siehe Abb. 3.6)

Eine Ausnahme bilden grundsätzlich die Gruppe der Latenzstrategien und bestimmte Arbitragestrategien wie beispielsweise die Cross Asset Arbitrage, deren Bestandteile handelsplatzspezifisch angepasst werden müssen und insbesondere wesentlich geringere Latenzen erfordern und daher nur an Co-Locations praktikabel sind.

▶   Die Latenzanforderungen im Hochfrequenzhandel in Deutschland sind im internationalen Vergleich nicht restriktiv.

Im Vergleich zu internationalen Co-Locations sind in Bezug auf die Infrastruktur der Co-Location der Deutschen Börse einige Hochfrequenzhandelssysteme in Frankfurt allein aufgrund der dort verhältnismäßig hohen Latenzen nicht implementierbar.

Insbesondere sind die Latenzen eines Round Trips in Frankfurt, die aktuell im Durchschnitt bei bis zu 250 Mikrosekunden liegen für zahlreiche Hochfrequenzhandelssysteme nicht praktikabel.

		Latenz Round Trip Matching Engine		Latenz Round Trip Trading Interface	
		Durchschnitt	Median	Durchschnitt	Median
EURO STOXX 50 Index Futures	FESX	191 µs	31 µs	282 µs	100 µs
STOXX Europe 50 Index Futures	FSTX	56 µs	25 µs	134 µs	91 µs
DAX Futures	FDAX	116 µs	26 µs	204 µs	91 µs
Mini DAX Futures	FDXM	43 µs	28 µs	116 µs	94 µs
MDAX Futures	F2MX	41 µs	26 µs	109 µs	88 µs
SMI Futures	FSMI	85 µs	26 µs	157 µs	84 µs
Euro-Bund Futures	FGBL	130 µs	29 µs	219 µs	108 µs
Euro-Bobl Futures	FGBM	119 µs	27 µs	213 µs	105 µs
Euro-Schatz Futures	FGBS	76 µs	26 µs	167 µs	97 µs
Euro-Buxl Futures	FGBX	172 µs	35 µs	262 µs	103 µs
Long-Term Euro-BTP Futures	FBTP	167 µs	42 µs	254 µs	119 µs
Euro-OAT Futures	FOAT	175 µs	41 µs	268 µs	125 µs
EURO STOXX Banks Futures	FESB	61 µs	26 µs	132 µs	88 µs
VSTOXX Futures	FVS	63 µs	29 µs	131 µs	87 µs
STOXX Europe 600 Index Futures	FXXP	64 µs	25 µs	132 µs	83 µs

Abb. 3.7 Latenz der Co-Location der Deutschen Börse

Latenz der Deutschen Börse

Die an der Deutschen Börse im Hochfrequenzhandel aktuellen Latenzen der Co-Location, differenziert nach Matching Engines und Trading Interfaces, sind in Abb. 3.7 zusammengefasst.[8]

Die angegebenen Latenzen sind derart sensitiv, dass beispielsweise Abweichungen von wenigen Mikrosekunden bereits zum Scheitern der jeweiligen Strategie führen. Die Deutsche Börse bietet daher individuelle systemspezifische Schnittstellenvarianten, die bestimmte Latenzen eines Round Trip garantieren.

Im Hochfrequenzhandel über Co-Location-Access erhöhen sich die Latenzen entsprechend, die aktuellen Latenzen sind nach London und Paris 4,6 Millisekunden, nach New York 40 Millisekunden und nach Chicago 48 Millisekunden.[9] (siehe Abb. 3.8)

---

[8]Eurex, 2017b, Insights Into Trading System Dynamics.

[9]Eurex, 2017a, Co-Location Services.

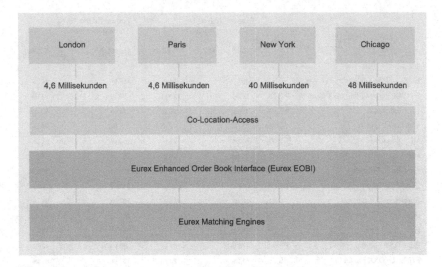

Abb. 3.8 Latenz des Co-Location-Access der Deutschen Börse

▶ Die Deutsche Börse versorgt Hochfrequenzhändler exklusiv mit Marktdaten.

Die Deutsche Börse versorgt trotz gegenteiliger öffentlicher Äußerungen Hochfrequenzhändler exklusiv mit Marktdaten. Diese Tatsache ist eine wesentliche
strategische Komponente des in der Co-Location Frankfurt praktizierten Hochfrequenzhandels.

Die Deutsche Börse bietet insbesondere im Hochfrequenzhandel über Co-
Location und Co-Location-Access individualisierte Anbindungsvarianten, die
speziell für den Hochfrequenzhandel ausgelegt sind und individuell nach den
jeweiligen strategischen Anforderungen konfiguriert werden.

Über die Eurex Enhanced Order Book Interface (Eurex EOBI) werden den
Hochfrequenzhändlern alle relevanten Marktdaten der Eurex Matching Engines
wie Bid, Ask, Ausführungspriorität und Zeitstempel exklusiv übermittelt.

Eurex Cross Connect

Die Eurex bietet den in der Co-Location in Frankfurt ansässigen Hochfrequenzhändlern
exklusive Cross Connects mit 10 Gigabit/s und einen zusätzlichen 1 Gigabit/s Cross Connect mit Zugang zu einem GPS-synchronisierten Zeitservice über Network Time Protocol
(NTP) und Precision Time Protocol (PTP).

AlphaFlash der Deutschen Börse	
Data Packages	USA Feed, European Feed, Canadian Feed, US Treasury Feed, Chicago Business Barometer (Chicago PMI), ISM Feed, Fitch Ratings Feed, Risk Signal Feed
Global Sources	U.S. Departments of Labor, Treasury and Commerce, The Conference Board, National Association of Realtors, Bank of Canada, European Central Bank, Bank of England, Z.E.W., Institute for Economic Research Ifo, German Ministry of Economics, Eurostat
Co-Locations	Chicago, Secaucus, Washington, London, Frankfurt

Abb. 3.9 Spezifikationen von AlphaFlash im Hochfrequenzhandel

▶ Aktuell fokussiert sich der Hochfrequenzhandel in Deutschland auf News Trading.

Die Deutsche Börse bietet Hochfrequenzhändlern über AlphaFlash spezielle Newsfeeds von Fundamentaldaten. Die strategische Besonderheit dieser Newsfeeds besteht darin, dass die Newsfeeds von AlphaFlash in maschinenlesbare Codes umgewandelt werden, dadurch können die Newsfeeds von den Hochfrequenzhändlern in der Co-Location in Frankfurt sofort in Transaktionen umgesetzt werden, da auch die Marktdaten der Orderbücher von der Börse in Frankfurt innerhalb weniger Mikrosekunden in die Co-Location gesendet werden.

In Abb. 3.9 und 3.10 sind die aktuellen Spezifikationen und strategischen Konzeptionen von AlphaFlash im Hochfrequenzhandel in Deutschland zusammengefasst.[10]

▶ Das News Trading gilt aktuell als eine der profitabelsten Strategien des Hochfrequenzhandels in Deutschland.

Beim News Trading in Deutschland mit AlphaFlash ist primär nicht die eigentliche Information entscheidend, sondern von strategischen Interesse ist einerseits die Reaktion der klassischen Anleger auf diese Information und andrerseits der Zeitpunkt, zu dem man das Hochfrequenzhandelssystem den Newsfeed erhält.

Beim News Trading im Hochfrequenzhandel werden grundsätzlich keine News fundamental analysiert, sondern man fokussiert sich allein darauf, News als erster zu erhalten und dann von der Reaktion insbesondere der klassischen Anleger zu profitieren.

---

[10]AlphaFlash, 2017, The Fastest Machine-Readable Economic News.

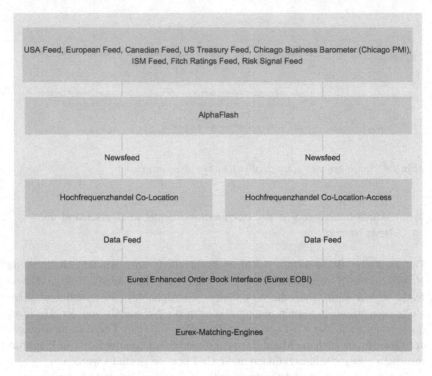

Abb. 3.10   Strategische Konzeption von AlphaFlash im Hochfrequenzhandel

Somit ist im Hochfrequenzhandel aus strategischer Sicht nicht relevant, ob eine News wahr oder falsch ist, sondern allein der Zeitvorsprung und die Reaktion der klassischen Anleger.

In Abb. 3.11 wird die Gesamtheit der in Deutschland aktuell praktizierten Strategien des Hochfrequenzhandels in Form einer Strategiematrix nach den Kriterien der Verbreitung, Grad der Liquiditätsanforderung und Grad der Profitabilität systematisiert.

Market-Making-Strategien		
Spread Capturing	Spread Trading	Liquidity Rebate
Grad der Liquidität +++ +++ +++ +++	+++ +++ +++ +++	+++ +++ +++
Grad der Profitabilität +++ +++	+++ +++	+++

Arbitragestrategien		
Statistical Arbitrage	Cross Market Arbitrage	Cross Asset Arbitrage
Grad der Liquidität +++ +++ +++ +++	+++ +++ +++ +++	+++ +++ +++
Grad der Profitabilität +++ +++	+++ +++ +++ +++ +++	+++ +++ +++ +++ +++

Latenzstrategien		
Latency Arbitrage	Market Latency Arbitrage	Order Routing Latency Arbitrage
Grad der Liquidität +++ +++ +++ +++ +++	+++ +++ +++ +++ +++	+++ +++ +++ +++
Grad der Profitabilität +++	+++	+++

Momentumstrategien			
Order Anticipation	Liquidity Detection	Momentum Ignition	Momentum Trading
Grad der Liquidität +++ +++ +++	+++ +++	+++	+++
Grad der Profitabilität +++ +++	+++ +++ +++ +++ +++	+++ +++ +++ +++ +++	+++ +++ +++ +++ +++

News Reading	News Trading		
Grad der Liquidität +++	+++		
Grad der Profitabilität +++ +++ +++ +++ +++ +++	+++ +++ +++ +++ +++ +++		

■ häufig praktiziert ■ oft praktiziert ■ selten praktiziert

Abb. 3.11 Strategiematrix des Hochfrequenzhandels in Deutschland

▶ Siehe Gresser, Uwe (2017b), Praxishandbuch Hochfrequenzhandel Band 2, Springer Gabler, Kap. 1: Konzeption und Entwicklung des Hochfrequenzhandels

Zusammenfassung

- Der Hochfrequenzhandel in Deutschland fokussiert sich auf Co-Location und Co-Location-Access.
- Internationale Handelsplätze sind im Hochfrequenzhandel in Deutschland über Co-Location-Access verbunden.
- Die Latenzanforderungen im Hochfrequenzhandel in Deutschland sind im internationalen Vergleich nicht restriktiv.
- Die Deutsche Börse versorgt Hochfrequenzhändler exklusiv mit Marktdaten.
- Aktuell fokussiert sich der Hochfrequenzhandel in Deutschland auf News Trading.
- Das News Trading gilt aktuell als eine der profitabelsten Strategien des Hochfrequenzhandels in Deutschland.

3.3 Hochfrequenzhandel aktuell in der Schweiz

Co-Locations ZH1, ZH2, ZH4 und ZH5 im Stadtgebiet von Zürich
Der Finanzplatz Zürich gilt im Hochfrequenzhandel als einer der interessantesten und profitabelsten Handelsplätze in Europa.

Aktuell gibt es im Stadtgebiet von Zürich vier für den Hochfrequenzhandel relevante Co-Locations mit der Bezeichnung ZH1, ZH2, ZH4 und ZH5. (siehe Abb. 3.12)

Die Co-Locations werden nicht von der SIX Swiss Exchange betrieben, sondern von der Firma Equinix. Man muss als Hochfrequenzhändler für die Nutzung der Co-Locations einen separaten Vertrag mit der Firma Equinix abschließen, dies entlastet die SIX Swiss Exchange aus rechtlicher Sicht in Bezug auf die strategischen Aktivitäten der Hochfrequenzhändler.

Die SIX Swiss Exchange überwacht den Zustand der Netzwerke der Teilnehmer nicht. Die Verantwortung für die Aktivitäten in den Co-Locations liegt allein bei den Hochfrequenzhändlern.

▶ Die SIX Swiss Exchange gilt als weltweit führend im Hochfrequenzhandel.

Bereits im Jahr 2012 ermöglichte die SIX Swiss Exchange ihren Hochfrequenzhändlern eine Latenz von weniger als 40 Mikrosekunden. Die SIX Swiss Exchange war bereits damals in der Lage den Hochfrequenzhändlern in den Co-

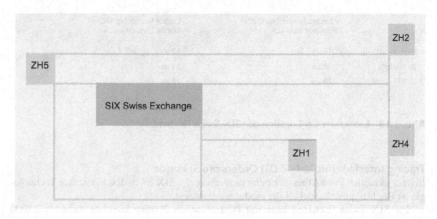

Abb. 3.12 Co-Locations im Stadtgebiet von Zürich

Locations in Zürich, mit einer im internationalen Vergleich nahezu optimalen Latenz, Marktdaten zu übermitteln.

Im Jahr 2013 nahm die SIX Swiss Exchange eine der weltweit führenden Handelstechnologien in Betrieb. Es wurde die damalige X-stream-Plattform mit der Handelstechnologie INET kombiniert. Hochfrequenzhändler konnten damit in Verbindung mit einer Co-Location in Zürich eine der weltweit schnellsten und besten Verbindungsqualitäten bei der Datenübermittlung erreichen.

▶ Die SIX Swiss Exchange bietet optimale Infrastrukturen für den Hochfrequenzhandel.

Auch heute wird noch die Technologie X-stream INET, die von NASDAQ OMX zur Verfügung gestellt wird, verwendet. Nach einigen Optimierungen und zahlreichen Updates sind die Latenzen weiter reduziert worden.

Aktuell wird eine Latenz von durchschnittlich 13 Mikrosekunden bei der Market Data Interface ermöglicht. (siehe Abb. 3.13)

	Latenz Round Trip OUCH Trading Interface	Latenz Round Trip ITCH Market Data Interface
im Durchschnitt	14 µs	13 µs
99 Prozent	25 µs	24 µs
99,9 Prozent	29 µs	28 µs

Abb. 3.13 Latenz der Co-Location der SIX Swiss Exchange

Trading Interface mit 20.000 OTI Orders pro Sekunde
In ihrer aktuellen Produktbeschreibung bezeichnet die SIX Swiss Exchange ihre Technologie im Hochfrequenzhandel als die modernste weltweit.
   Die SIX Swiss Exchange kann mit ihrer aktuellen Trading Interface mehr als 20.000 OTI Orders pro Sekunde von bis zu 55 Hochfrequenzhändler ausführen, was eine der weltweit höchsten Orderfrequenz ist.[11]

Der SIX Swiss Exchange ist es gelungen im internationalen Vergleich optimale Rahmenbedingungen für den Hochfrequenzhandel zu schaffen. Beispielsweise ist der Hochfrequenzhandel in Bezug auf die Latenz der SIX Swiss Exchange im Vergleich zum Hochfrequenzhandel an der Deutschen Börse in Frankfurt ca. 10 Mal schneller.

▶   Internationale Handelsplätze sind im Hochfrequenzhandel an der SIX Swiss Exchange über Co-Location-Access verbunden.

Die Co-Locations in Zürich werden nicht nur von den in Zürich ansässigen Hochfrequenzhändlern genutzt, sondern sind mit den weltweiten Finanzzentren über Co-Location-Access verbunden. Auf Basis der von der SIX Swiss Exchange bereitgestellten Schnittstellen ist es durchaus profitabel sich in London oder New York mit einer der Co-Locations in Zürich zu verbinden.
   Im Hochfrequenzhandel entscheidend ist die physische Nähe der Server zu den Matching Engines der Börse. In Zürich können die Hochfrequenzhändler ihre Co-Location aus verschiedenen Standorten im Stadtgebiet wählen.
   Wobei die Co-Location ZH4 aufgrund der dort bereitgestellten Infrastruktur und der physischen Nähe zu den Matching Engines der SIX Swiss Exchange aktuell als die favorisierte Co-Location gilt.

---

[11]SIX Swiss Exchange, 2017, X-stream INET Performance Measurement Details for Equities Partition.

Hochfrequenzhändler können nicht nur ihre Server in der jeweils optimalen Co-Location platzieren, sondern haben zusätzlich die Möglichkeit aus individuellen und genau auf die jeweiligen Anforderungen ihrer Strategien abgestimmten Schnittstellenvarianten zu wählen. Die SIX Swiss Exchange bietet damit Hochfrequenzhändlern eine optimal individualisierte Anbindung an die Matching Engines.

Co-Location-Access im Stadtgebiet von Zürich
Neben der Nutzung der Co-Locations ZH1, ZH2, ZH4 und ZH5 bietet die SIX Swiss Exchange aktuell Unternehmen, die ihren Firmensitz in der Nähe der Börse haben, einen speziellen Co-Location-Access an, der es den Unternehmen ermöglicht in ihren eigenen Büroräumen die Server zu platzieren, um den Hochfrequenzhandel dort zu betreiben.

Es ergibt sich in dem Fall, dass sich der Firmensitz mit Co-Location-Access noch näher an den Matching Engines befindet als die reguläre Co-Location, ein entsprechender strategischer Vorteil.

▶ Die Hochfrequenzhändler können sich direkt mit der börseninternen Plattform der SIX Swiss Exchange SWXess verbinden.

In den Co-Locations ZH1, ZH2, ZH4 und ZH5 kann man die jeweiligen Systeme direkt mit der börseninternen Plattform SWXess verbinden.

Die SIX Swiss Exchange bietet den Hochfrequenzhändlern aktuell die Schnittstellen OUCH Trading Interface (OTI) und ITCH Market Data Interface (IMI), die es ermöglichen innerhalb weniger Mikrosekunden sowohl Marktdaten zu empfangen als auch Orders zu übermitteln. (siehe Abb. 3.14)

Aufgrund der Tatsache, dass von der SIX Swiss Exchange Latenzzeiten sogar garantiert werden, sind in der Schweiz nahezu alle Formen des Hochfrequenzhandels praktikabel.

Die Hochfrequenzhändler erhalten diesbezüglich entsprechend ihrer Strategievorgaben die jeweils optimale Konfiguration und Anbindungsvariante an die SWXess.

▶ Aktuell fokussiert sich der Hochfrequenzhandel in der Schweiz auf Arbitragestrategien und Momentumstrategien.

In der Schweiz besteht aktuell eine hohe Diskrepanz zwischen den klassischen Anlegern im Online-Banking und den Hochfrequenzhändlern. Hochfrequenzhändler in der Schweiz bedienen sich nahezu optimaler technologischer Infrastrukturen, wohingegen klassische Anleger mit im internationalen Vergleich minderwertigen Technologien agieren.

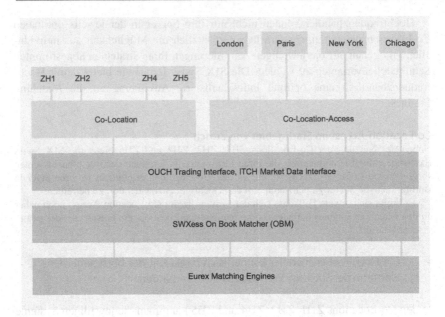

Abb. 3.14 Co-Location und Co-Location-Access der SIX Swiss Exchange

Dadurch entstehen im Hochfrequenzhandel in der Schweiz, insbesondere bei Anwendung von Arbitragestrategien und Momentumstrategien, im Speziellen beim News Reading und News Trading, hohe Gewinnpotenziale primär auf Kosten der klassischen Anleger.

Aktuell finden in der Schweiz im Hochfrequenzhandel vermehrt Momentumstrategien wie News Trading und News Reading in der Form Anwendung, dass Agenturen wie Associated Press (AP) codierte News über direkte Schnittstellen an die Server in den Co-Locations übermitteln und dadurch im Hochfrequenzhandel in der Schweiz legale Formen des Front Running ermöglicht werden.

Robot Journalisme von Associated Press (AP)
Associated Press (AP) hat seine Berichterstattung teilweise auf sogenannten Robot Journalisme umgestellt und bietet Hochfrequenzhändlern algorithmisch generierte Newstexte.

Associated Press (AP) bietet als eine Variante des Robot Journalisme algorithmisch generierte Earning Reports an. Die Systeme der Hochfrequenzhändler können diese algorithmisch generierten Texte als Systeminput über direkte Schnittstellen von Associated Press (AP) beziehen.

Aktuell fokussiert sich der Hochfrequenzhandel in Schweiz zunehmend auf Formen des News Reading. Das Grundprinzip des News Reading basiert auf der Funktionalität, aus Newsfeeds innerhalb weniger Mikrosekunden Signale und autonome Transaktionen zu generieren.

News Reading
Beim News Reading erkennt der Algorithmus die Sprache und wandelt die Texte in einem maschinenlesbaren Code um. Anschließend erfolgt ein algorithmischer Scan nach qualitativ wertenden Keywords.
Der Algorithmus verkürzt dadurch die maschinenlesbare Aussage auf ihren Kerngehalt. Man spricht hierbei im Hochfrequenzhandel von einer One Sentence Line. Ein Beispiel einer One Sentence Line einer Ad-Hoc-Mitteilung ist die Aussage: UBS Gewinn plus x Prozent. (siehe Abb. 3.15)

In der Praxis des Hochfrequenzhandels in der Schweiz werden die Systeme des News Reading in modularer Form in bestehende Systeme des News Trading integriert und agieren funktional entweder als Warnsysteme oder als direkte Signalgeber.
Der gesamte Prozess vom Empfang der News, Decodierung, One Sentence Line und algorithmischer Auswertung findet aktuell in ca. maximal 1500 Millisekunden statt, wohingegen die Marktdaten von der SIX Swiss Exchange innerhalb ca. 13 Mikrosekunden übermittelt werden.
Aktuell sind neuronale News-Reading-Systeme, also selbstlernende Systeme, die basierend auf entsprechenden Datenbanken eine autonome Wertung der News vornehmen, bereits Standard beim News Trading im Hochfrequenzhandel.
Aufgrund der Möglichkeiten des Co-Location-Access zu internationalen Finanzplätzen und den nahezu optimalen Latenzen der SIX Swiss Exchange

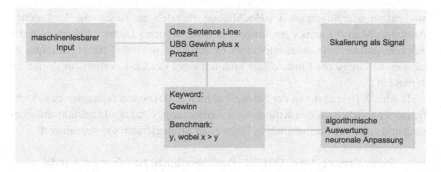

Abb. 3.15 News Reading im Hochfrequenzhandel

Market-Making-Strategien		
Spread Capturing	**Spread Trading**	**Liquidity Rebate**
Grad der Liquidität ••• ••• •••	••• ••• •••	••• •••
Grad der Profitabilität ••• •••	••• •••	•••

Arbitragestrategien		
Statistical Arbitrage	**Cross Market Arbitrage**	**Cross Asset Arbitrage**
Grad der Liquidität ••• ••• ••• •••	••• ••• •••	••• ••• •••
Grad der Profitabilität ••• •••	••• ••• ••• ••• •••	••• ••• ••• ••• •••

Latenzstrategien		
Latency Arbitrage	**Market Latency Arbitrage**	**Order Routing Latency Arbitrage**
Grad der Liquidität ••• ••• ••• ••• •••	••• ••• ••• ••• •••	••• ••• ••• •••
Grad der Profitabilität •••	•••	•••

Momentumstrategien			
Order Anticipation	**Liquidity Detection**	**Momentum Ignition**	**Momentum Trading**
Grad der Liquidität ••• ••• •••	••• •••	•••	•••
Grad der Profitabilität ••• •••	••• ••• ••• ••• •••	••• ••• ••• ••• •••	••• ••• ••• ••• •••
News Reading	**News Trading**		
Grad der Liquidität ••• •••	•••		
Grad der Profitabilität ••• ••• ••• ••• ••• •••	••• ••• ••• ••• ••• •••		

■ häufig praktiziert   ■ oft praktiziert   ■ selten praktiziert

Abb. 3.16 Strategiematrix des Hochfrequenzhandels in der Schweiz

sind nahezu alle Strategien des Hochfrequenzhandels mit Ausnahme der Latency Arbitrage, Market Latency Arbitrage und Order Routing Latency Arbitrage in der Schweiz praktikabel. Insbesondere ist es durchaus profitabel für Hochfrequenz-händler ausländischer Finanzplätze sich mit einer der Co-Locations in Zürich zu verbinden.

In Abb. 3.16 sind die in der Schweiz aktuell praktizierten Strategien des Hoch-frequenzhandels nach den Kriterien der Verbreitung, Grad der Liquiditätsanforde-rung und Grad der Profitabilität in Form einer Strategiematrix systematisiert.

▶ Siehe Gresser, Uwe (2017b), Praxishandbuch Hochfrequenzhandel Band 2, Springer Gabler, Kap. 1: Konzeption und Entwicklung des Hochfrequenzhandels

Zusammenfassung

- Die SIX Swiss Exchange gilt als weltweit führend im Hochfrequenzhandel.
- Die SIX Swiss Exchange bietet optimale Infrastrukturen für den Hochfrequenzhandel.
- Internationale Handelsplätze sind im Hochfrequenzhandel an der SIX Swiss Exchange über Co-Location-Access verbunden.
- Die Hochfrequenzhändler können sich direkt mit der börseninternen Plattform der SIX Swiss Exchange SWXess verbinden.
- Aktuell fokussiert sich der Hochfrequenzhandel in der Schweiz auf Arbitragestrategien und Momentumstrategien.

Was Sie aus diesem *essential* mitnehmen können

Der Hochfrequenzhandel hat als unvermeidbare Realität die Finanzmärkte nachhaltig verändert und erfordert ein neues Marktverständnis. Klassische Denkweisen wie die der Chartanalyse oder auch der klassischen Fundamentalanalyse haben ihre Gültigkeit verloren.

Die Banken betreiben intensiv Hochfrequenzhandel, bieten Ihren Kunden jedoch keine Finanzprodukte und Zugang zum Hochfrequenzhandel. Diese Benachteiligung der Privatanleger ist das eigentliche Verwerfliche am Hochfrequenzhandel. Wenn alle Anleger uneingeschränkten Zugang zu den heutigen Börsentechnologien hätten, dann wäre der Hochfrequenzhandel auch für alle fair und gerecht.

Man kann den Siegeszug des Hochfrequenzhandels letztendlich nicht mehr aufhalten und muss ihn als Teil des heutigen ökonomischen Systems akzeptieren. Die Börse von morgen wird Hochfrequenzhandel für alle sein.

Was ist Hochfrequenzhandel?

- Verständnis des Hochfrequenzhandels als Technologie.
- Einfluss von Marktstrukturen und Regulierungen.
- Exakte Definition des Hochfrequenzhandels aus der Sicht der Praxis.
- Aktuelle Situation des Hochfrequenzhandels an den weltweiten Börsen.

© Springer Fachmedien Wiesbaden GmbH 2018
U. Gresser, *Hochfrequenzhandel*, essentials,
https://doi.org/10.1007/978-3-658-19911-1

Was sind die konkreten Strategien des Hochfrequenzhandels?

- Umfassende Systematisierung aller im Hochfrequenzhandel bekannter Strategien.
- Vollständige Klassifizierung der Strategien nach Aggressivität, Liquidität und Marktqualität.
- Offenlegung konkreter Praktiken von Kursmanipulationen im Hochfrequenzhandel.
- Wirkungsweisen von aktuellen Regulierungen auf den Hochfrequenzhandel.

Welche Rolle spielt der Hochfrequenzhandel heute?

- Detaillierte strategische Vorgehensweise des aktuellen Hochfrequenzhandels in den USA.
- Konkrete Strategien und Techniken des aktuellen Hochfrequenzhandels in Deutschland.
- Besonderheiten und Profitabilität des aktuellen Hochfrequenzhandels in der Schweiz.
- Ganzheitliche Systematisierung der technologischen und strategischen Praktiken.

Warum revolutioniert der Hochfrequenzhandel die Finanzmärkte?

- Erfordernis eines neuen Marktverständnisses und neuartiger strategischer Konzepte.
- Positive und negative Einflussnahme des Hochfrequenzhandels auf die Marktqualität.
- Hochfrequenzhandel als zentraler Bestandteil des heutigen ökonomischen Systems.
- Tendenzen und Anforderungen an die zukünftige Entwicklung der Finanzmärkte.

Literatur- und Quellenverzeichnis

AlphaFlash, 2017, The Fastest Machine-Readable Economic News. http://www.alphaflash. com/sites/alphaflash.com/files/downloads/MNI_AlphaFlash_US_6.6.17.pdf. Zugegriffen: 20. Juli 2017.

Anova Technologies, 2017, High Availability Wireless Market Data. http://anova-tech.com/ sample-page/market-data. Zugegriffen: 20. Juli 2017.

BATS, 2017a, Market Data Products. https://www.bats.com/us/equities/market_data_products. Zugegriffen: 20. Juli 2017.

BATS, 2017b, System Performance U.S. Equities. http://cdn.batstrading.com/resources/features/bats_exchange_Latency.pdf. Zugegriffen: 20. Juli 2017.

Eurex, 2017a, Co-Location Services. http://www.eurexchange.com/exchange-de/technologie/co-location-services. Zugegriffen: 20. Juli 2017.

Eurex, 2017b, Insights Into Trading System Dynamics. http://www.eurexchange.com/blob/exchange-en/4038-4046/238346/6/data/presentation_eurex_trading_systems_en.pdf. Zugegriffen: 20. Juli 2017.

Gresser, Uwe, 2016, Praxishandbuch Hochfrequenzhandel Band 1 – Basic: Analysen, Strategien, Perspektiven. Wiesbaden: Springer Gabler.

Gresser, Uwe, 2017a, Die Börse von morgen – Wie Sie als Privatanleger das Spiel im Hochfrequenzhandel gewinnen. Weinheim: Wiley.

Gresser, Uwe, 2017b, Praxishandbuch Hochfrequenzhandel Band 2 – Advanced: Produkte, Systeme, Regulierung. Wiesbaden: Springer Gabler.

NASDAQ, 2017a, Price List U.S. Equities. http://www.nasdaqtrader.com/Trader.aspx?id=DPUSdata#tv. Zugegriffen: 20. Juli 2017.

NASDAQ, 2017b, Production Connectivity. http://www.nasdaqtrader.com/content/Productsservices/trading/CoLo/LowLatencyFS.pdf. Zugegriffen: 20. Juli 2017.

NASDAQ, 2017c, Wireless Connectivity. http://images.qnasdaqomx.com/Web/NASDAQOMX/%7Bf5ddb618-c04c-452a-a9bc-91a755fdfe12%7D_Wireless_Express_Connect_FAQs_April_2015_-_anova_termination_changes_-_clean.pdf. Zugegriffen: 20. Juli 2017.

NYSE, 2017a, Market Data Pricing. http://www.nyxdata.com/doc/241907. Zugegriffen: 20. Juli 2017.

NYSE, 2017b, Technology and Connectivity. https://www.nyse.com/connectivity/documents. Zugegriffen: 20. Juli 2017.

© Springer Fachmedien Wiesbaden GmbH 2018
U. Gresser, *Hochfrequenzhandel*, essentials,
https://doi.org/10.1007/978-3-658-19911-1

SIX Swiss Exchange, 2017, X-stream INET Performance Measurement Details for Equities Partition. http://www.six-swiss-exchange.com/download/participants/trading/x-stream_inet_performance_measurement_details.pdf. Zugegriffen: 20. Juli 2017.

U.S. Securities and Exchange Commission (SEC), 2012, Press Release 2012-189. https://www.sec.gov/News/PressRelease/Detail/PressRelease/1365171484740. Zugegriffen: 20. Juli 2017.

U.S. Securities and Exchange Commission (SEC), 2015, Registration Statement Virtu Financial. https://www.sec.gov/Archives/edgar/data/1592386/000110465915025092/filename2.pdf. Zugegriffen: 20. Juli 2017.

U.S. Securities and Exchange Commission (SEC), 2016, Press Release 2016-16. https://www.sec.gov/news/pressrelease/2016-16.html. Zugegriffen: 20. Juli 2017.

Printed in the United States
By Bookmasters